PONS

Powerkurs
SPANISCH IN 4 WOCHEN

von
Sonia Ortiz
M. Carmen Almendros de la Rosa

Ernst Klett Sprachen GmbH
Barcelona • Belgrad • Budapest • Ljubljana • London • Posen • Prag
Sofia • Stuttgart • Zagreb

PONS
Powerkurs
SPANISCH IN 4 WOCHEN

von
Sonia Ortiz
M. Carmen Almendros de la Rosa

Basierend auf ISBN 3-12-561060-5

Auflage A1 5 4 3 2 1 / 2010 2009 2008 2007

Internet: www.pons.de
E-Mail: info@pons.de

Redaktion: M. Carmen Almendros de la Rosa
Aufnahme, Schnitt und Mastering: Ton in Ton Medienhaus, Stuttgart
Sprecher: M. Carmen Almendros de la Rosa, Julio Balaguer López,
José Angel Cadiñanos, Miguel Freire Gómez, Hendrik Funke, Maria Engracia López
Sánchez, Leticia Medina Andrés, Carlos Ortega Cañado, Alicia Padrós, Cristina Palaoro,
Ernesto Palaoro, Antje Wollenweber
Logoentwurf: Erwin Poell, Heidelberg
Logoüberarbeitung: Sabine Redlin, Ludwigsburg
Titelfoto: Vlado Golub, Stuttgart
Einbandgestaltung: Schmidt & Dupont
Layout: BUERO CAÏRO
Satz: Peter Renz
Druck: Clausen und Bosse
Printed in Germany.
ISBN: 978-3-12-561317-1

¡BIENVENIDOS!

Sie möchten Spanisch verstehen, sprechen, lesen und schreiben sowie sprachliche Sicherheit für alle wichtigen Alltagssituationen gewinnen.

Der **Powerkurs SPANISCH in 4 Wochen** bietet Ihnen einen schnellen und sicheren Einstieg in die Sprache.
Mit einer modernen und kommunikativen Lernmethode trainieren Sie in lebensnahen Situationen Sprechen und Verstehen. Gleichzeitig bekommen Sie solide Kenntnisse in Grammatik und Wortschatz, so dass Sie am Ende des Kurses das Niveau A2 des gemeinsamen europäischen Referenzrahmens erreichen können.

WIE LERNEN SIE MIT DEM POWERKURS?

Jede der 12 Lektionen besteht aus zwei Teilen, die Sie in ca. 1 Stunde bearbeiten können.
Die Tagesangabe auf der oberen Leiste hilft Ihnen das Lernen zu planen und zu organisieren.

1. Tag | *Sich vorstellen* | 1

2. Tag | *Sich selbst und andere Leute beschreiben* | 1

Auf dieser Leiste können Sie auch sehen, welches Thema auf der entsprechenden Seite behandelt wird.

Lernen in Tagesportionen

Wenn Sie sich jeden Tag eine halbe oder eine Stunde dem Sprachenlernen widmen, werden Sie in 28 Tagen den Kurs erfolgreich beenden.

Am Anfang jedes Tages erhalten Sie erst einmal den Wortschatz, den Sie lernen sollten, damit Sie den darauf folgenden Text oder Dialog leichter verstehen können.

Wortschatz

buenos días – guten Morgen/ Tag	**¿Cómo estás/ está usted?** – Wie geht es dir/ Ihnen?
usted(es) (*Abk.:* **Ud./ Uds.**) – Sie	**bien** – gut
llamarse – heißen (*wörtl.:* sich nennen)	**gracias** – danke
español(a) – Spanier(in)/ spanisch	**presentarse** – sich vorstellen
pero – aber	**encantado/a** – angenehm
vivir – *hier:* wohnen; leben	

Danach haben Sie die Möglichkeit einen authentischen Dialog zu hören oder einen Text zu lesen. Weitere Übungen helfen Ihnen beim Hör- und Leseverstehen. Wenn Sie Hilfe benötigen, finden Sie die Texte der Dialoge und deren Übersetzungen in den Transkriptionen im Anhang. Die Übersetzungen der Lesetexte können Sie den Lösungen entnehmen.

Die darauf folgenden Seiten enthalten Erklärungen und Übungen zu Grammatik, Kommunikation und Wortschatz. Auf der letzten Seite jeder Lektion wird dann gezielt die Aussprache trainiert.

Jeder 7. Tag ist ein ‚Entspannungstag', an dem Sie durch spielerische, leichte Übungen das Gelernte mit Spaß wiederholen und festigen können.

7. Tag | *Und nun entspannen Sie sich!*

Trainieren Sie Ihre Fertigkeiten

Wenn Sie gezielt das Hören, Sprechen, Lesen oder Schreiben üben wollen, folgen Sie den jeweiligen Bildsymbolen, die neben den entsprechenden Übungen abgebildet sind.

Hier trainieren Sie das Hörverstehen.

Hier trainieren Sie das Leseverstehen.

Hier können Sie das Sprechen trainieren.

Hier können Sie schreiben.

Wenn Sie sich gezielt auf das Zertifikat A1 oder A2 des gemeinsamen europäischen Referenzrahmens vorbereiten wollen, finden Sie auf den letzten Seiten des Buches eine Empfehlung, welche Übungen Sie machen sollten. Dabei erhalten Sie auch einen Überblick über die Lerninhalte, die Sie für das Zertifikat beherrschen sollten.

Arbeiten Sie mit den CDs

Das Paket beinhaltet zwei Audio-CDs mit allen Dialogen und Hörübungen, die in den Lektionen auftreten.

TR 01

Dieses Bildsymbol zeigt Ihnen, wie Sie mit den Audio-CDs arbeiten: Die linke Zahl gibt an, welche der Audio-CDs Sie benötigen, die rechte Zahl ist die Tracknummer der entsprechenden CD.

Was finden Sie im Anhang

Transkriptionen: Alles, was auf den CDs 1 und 2 zu hören ist, können Sie hier nochmals nachlesen, sofern der Text nicht direkt in der Lektion abgedruckt ist. Hier finden Sie auch eine deutsche Übersetzung der Dialoge.

Lösungen: Hier finden Sie die Lösungen der Übungen im Kurs und eine deutsche Übersetzung zu den Lesetexten.

Grammatik: In der systematischen Grammatik finden Sie schnell Antworten auf Ihre Grammatikfragen und zusätzliche Grammatikübungen.

§ 12

Dieses Symbol hilft Ihnen, in den Lektionen das entsprechende Kapitel in der Grammatik zu finden.

Wortverzeichnis: Sie haben ein spanisches Wort vergessen? Mithilfe dieser Wortliste finden Sie schnell die richtige Übersetzung.

Viel Spaß und Erfolg beim Spanischlernen!

Lektion 1

1. Tag 7
Sich vorstellen, jemanden begrüßen, Nationalitäten und Ländernamen, die Telefonnummer angeben und danach fragen

2. Tag 11
Angaben zum Beruf, über den Arbeitsplatz sprechen, regelmäßige Verben im Präsens, Singular und Plural der Substantive, Alphabet und Betonung

Lektion 2

3. Tag 15
Jemanden kennenlernen, Verwandschaftsbezeichnungen, die Verwendung von Possessiva und Demonstrativa

4. Tag 19
Menschen beschreiben, die Adjektive, das Verb *tener*, die Aussprache der Doppellaute

Lektion 3

5. Tag 23
Über den Tagesablauf sprechen, die Uhrzeit angeben, reflexive Verben

6. Tag 27
Sich verabreden, Vorschläge annehmen und ablehnen, die Aussprache von *j* und *g*

7. Tag 31
Und nun entspannen Sie sich!

Lektion 4

8. Tag 33
Nach dem Weg fragen, die Lage und den Weg beschreiben

9. Tag 37
Verkehrsmittel, die Aussprache von *c*, *qu* und *k*

Lektion 5

10. Tag 41
Im Restaurant bestellen, Gefallen und Vorliebe ausdrücken, die Verben *querer* und *apetecer*

11. Tag 45
Lebensmittel einkaufen, nach dem Preis fragen, die Aussprache von *c* und *z*

Lektion 6

12. Tag 49
Wohnungseinrichtung, ein Haus besichtigen, eine Wohnung beschreiben

13. Tag 53
Eine Wohnung kaufen, die Ordnungszahlen, der Vergleich und die Steigerung, die Aussprache von *ñ*

14. Tag 57
Und nun entspannen Sie sich!

Lektion 7

15. Tag 59
Zum Geburtstag gratulieren, Monate, das Alter angeben, über Zukunftspläne sprechen

16. Tag 63
Freizeitaktivitäten, Wünsche äußern, die Aussprache von *güe* und *güi*

Lektion 8

17. Tag 67
Kleidungsstücke und Farben, Kleidung einkaufen, die Objektpronomen

18. Tag 71
Auf dem Flohmarkt, Ratschläge geben, die Aussprache von *r* und *rr*

Lektion 9

19. Tag 75
Beim Arzt, die Körperteile, Beschwerden äußern, die Befehlsform

20. Tag 79
Wetter und Temperatur, Zukunft und Bedingungssätze, die Aussprache von *b* und *v*

21. Tag 83
Und nun entspannen Sie sich!

Lektion 10

22. Tag 85
Ein Hotelzimmer reservieren, im Hotel einchecken, das Perfekt

23. Tag 89
Körperpflege, die Verlaufsform, die Aussprache von *ch* und *h*

Lektion 11

24. Tag 93
Natur und Umwelt, Umweltschutz, unpersönliche Form, das *Indefinido*

25. Tag 97
Der Regenwald, Landschaft und Lateinamerika, das *Indefinido* und das Perfekt, Intonation der Fragesätze

Lektion 12

26. Tag 101
Moderne Technologie, über Gewohnheiten und die Vergangenheit sprechen, das Imperfekt

27. Tag 105
Geschichte und Literatur, Geographie Spaniens, Imperfekt und *Indefinido*, die Aussprache von *l* und *ll*

28. Tag 109
Und nun entspannen Sie sich!

Anhang

Transkriptionen 111

Lösungen 131

Grammatik 146

Wortverzeichnis 200

Überblick über den gemeinsamen europäischen Referenzrahmen 222

Wortschatz

buenos días – guten Morgen/ Tag
usted(es) (*Abk.:* **Ud./ Uds.**) – Sie
llamarse – heißen (*wörtl.*: sich nennen)
español(a) – Spanier(in)/ spanisch
pero – aber
vivir – *hier:* wohnen; leben
¿Cómo estás/ está usted? – Wie geht es dir/ Ihnen?
bien – gut
gracias – danke
presentarse – sich vorstellen
encantado/a – angenehm

1 1 TR 01

María Luisa lernt bei einem Arbeitsseminar einen neuen Kollegen kennen. Hören Sie jetzt, wie María Luisa und Ronald sich auf Spanisch vorstellen. Sie können den Dialog mehrmals hören und versuchen, ihn allgemein zu verstehen. Die Tabelle oben soll Ihnen dabei helfen. Versuchen Sie im Anschluss die Sätze zu ergänzen. Wenn Sie Hilfe brauchen, lesen Sie die deutsche Übersetzung im Anhang.

§ 13

1. Me ________ María Luisa. (*Ich heiße ...*)
2. ¿Y ____________, ¿cómo se llama? (*Und Sie? Wie heißen Sie?*)
3. ¿De dónde ________ usted? (*Woher kommen Sie?*)
4. Hola Pablo, ¿cómo ___________? (*Hallo Pablo, wie geht es dir?*)

2

§ 16

Beantworten Sie die Fragen, indem Sie die richtige Antwort ankreuzen.

1. ¿Cómo se llama usted?
   - ☐ a. Sí, soy francesa.
   - ☐ b. Yo soy de Madrid.
   - ☒ c. Me llamo María Luisa.

2. ¿De dónde es usted?
   - ☒ a. Soy de Sevilla. ¿Y usted?
   - ☐ b. No, me llamo Javier.
   - ☐ c. Sí, soy inglés.

3. ¿Cómo estás?
   - ☐ a. No, soy de Madrid.
   - ☒ b. Muy bien, gracias.
   - ☐ c. Sí, soy belga.

4. ¿Es usted alemana?
   - ☒ a. No, no soy alemana. Soy holandesa.
   - ☐ b. Sí, soy danés.
   - ☐ c. Me llamo Andrés.

El verbo **ser** - Das Verb **sein**

yo soy - ich bin
tú eres - du bist
él/ella/ Ud. es - er/sie ist
nosotros/-as somos - wir sind
vosotros/-as sois - ihr seid
ellos/ellas/ Uds. son - sie/ Sie sind

3

Ordnen Sie die folgenden Begrüßungs- (**saludos**) und Abschiedsformen (**despedidas**) den Spalten zu.

Saludos	Despedidas

a. Hola, ¿qué tal? b. Hola, buenos días.
c. ¡Hasta luego! d. Adiós, buenas tardes. e. Buenas noches.
f. ¡Hola! g. Hasta pronto. h. Nos vemos.

4

Lesen Sie jetzt einige Nationalitäten (**nacionalidades**) und Ländernamen (**nombres de países**).

§ 5

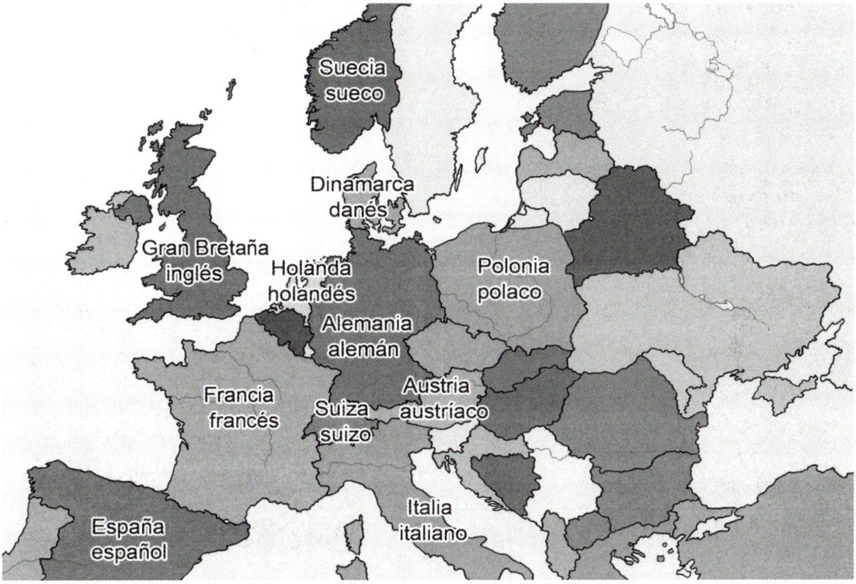

5

Wenn Sie einmal längere Zeit in Spanien verbringen, werden Sie sicher einige Formulare ausfüllen müssen. Üben Sie schon jetzt und füllen Sie das folgende Formular aus.

In den meisten spanischsprachigen Ländern hat man zwei Familiennamen: z.B. heißt der Vater **Alejandro Rodríguez Salas** und die Mutter **Valeria Agut Constante**, werden ihre Kinder die Familiennamen, und zwar in dieser Reihenfolge, **Rodríguez Agut** tragen.

DATOS PERSONALES DEL SOLICITANTE
(PERSÖNLICHE ANGABEN ZUR PERSON)

1er y 2º apellido *(Nachname)* ____________________

Nombre *(Vorname)* ____________________

Fecha y lugar de nacimiento *(Geburtsdatum und -ort)* ____________________

Sexo: H (hombre) M (mujer) *(Geschlecht: männl./weibl.)* ____________________

Nacionalidad *(Staatsangehörigkeit)* ____________________

Domicilio en España *(Adresse in Spanien)* ____________________

Tel. *(Telefonnummer)* ____________________

Localidad y CP *(Ort und PLZ)* ____________________

6 TR 02

Ronald hat das Anmeldeformular für die spanische Behörde ausgefüllt. Da wurde er nach der Telefonnummer gefragt. Es ist wichtig, dass Sie die Zahlen (**números**) von 0 bis 9 auf Spanisch kennen, falls Sie nach Ihrer Telefonnummer gefragt werden. Lesen Sie zuerst die **números** auf Spanisch, danach können Sie die Aufnahme auf der CD hören.

CERO UNO DOS TRES CUATRO CINCO SEIS SIETE OCHO NUEVE

7 TR 03

Einige Personen geben Ihnen jetzt ihre Telefonnummer (**número de teléfono**). Versuchen Sie alle Telefonnummern korrekt in Ziffern aufzuschreiben, während Sie sie hören.

1. 984773
2. 645736
3. 735378
4. 177620
5. 418237
6. 598734
7. 301278
8. 681294

So können Sie jemanden nach der Telefonnummer fragen:

- **¿Su/ Tu número de teléfono, por favor?** – *Ihre/ Deine Telefonnummer, bitte?*
- **¿Me puede/s dar su/ tu número de teléfono, por favor?** – *Können Sie/ Kannst Du mir Ihre/ Deine Telefonnummer geben, bitte?*
- **¿Tiene/s teléfono?** – *Haben Sie/ Hast Du Telefon?*

Auf Spanisch meldet man sich nicht mit dem eigenen Namen am Telefon, jedoch gibt es bei den Grußformen Unterschiede zwischen Spanien und Lateinamerika.

España: ¡Diga!/ ¡Dígame!/ ¿Sí?
Argentina und **Chile: ¿Hola?**
Colombia: ¡Aló!
México: ¿Pronto?/ ¿Bueno?
Cuba: ¡Oigo!/ ¡Dígame!
etc.

Wortschatz

trabajar – arbeiten
la escuela – die Schule
el/ la profesor(a) – der/ die Lehrer(in)
el/ la médico – der Artz/ die Ärztin
todavía – noch (immer)
el/ la recepcionista – der/ die Rezepzionist(in)
los hijos (*Pl.*) – die Kinder
el ama de casa – die Hausfrau
la azafata – die Stewardess
viajar – reisen
el/ la futbolista – der/ die Fußballspieler(in)
el equipo – das Team, die Mannschaft
¿A qué te dedicas? – Was machst du beruflich?

8 1 TR 04

Pablo und Andrés treffen sich, wie in Spanien üblich, am Abend in einer Kneipe (**el bar**). Sie unterhalten sich heute über alte Bekannte und ihren Beruf. Hören Sie den Dialog und lesen Sie ihn bei Bedarf im Anhang mit. Können Sie die Fragen im Anschluss beantworten?

	¿dónde viv**e**? (*Wo wohnt er/ sie?*)	¿qué hac**e**? (*Was macht er/ sie beruflich?*)	¿dónde trabaj**a**? (*Wo arbeitet er/ sie?*)
Ana	Granada	profesora [illegible]	escuela
Francisco	Barcelona	medico	hospital
Pablo		finista	hotel
Ester	____________	azafata	
Esteban		footbalista	____________

9

§ 14

Wofür arbeitet (**trabajar**) man? – Um essen (**comer**) und leben (**vivir**) zu können! Üben Sie das Präsens dieser regelmäßigen Verben, indem Sie die Lücken mit den Endungen vervollständigen.

	traba**jar** (*arbeiten*)	com**er** (*essen*)	viv**ir** (*wohnen*)
yo	trabaj____	com**o**	viv____
tú	trabaj____	com**es**	viv____
él/ ella/ usted	trabaj____	com**e**	viv____
nosotros/as	traba**jamos**	com**emos**	viv**imos**
vosotros/as	traba**jáis**	com**éis**	viv**ís**
ellos/as/ ustedes	traba**jan**	com**en**	viv**en**

10 1

Hören Sie einige Berufsbezeichnungen (**profesiones**) und ordnen Sie den Bildern das richtige Wort zu.

1

2

3

4

5

6

7

8

a. pintor (*Maler*) b. enfermera (*Krankenschwester*)
c. informático (*Informatiker*) d. cocinero (*Koch*) e. cantante (*Sänger*)
f. cartero (*Briefträger*) g. bombero (*Feuerwehrmann*) h. actor (*Schauspieler*)

11 TR 06

§ 1

Ordnen Sie den Bildern den richtigen Beruf zu und bilden Sie dabei Sätze, die Sie laut sprechen können. Danach können Sie die Aufnahme hören und so Ihre Antworten überprüfen. *El actor trabaja en el teatro.*

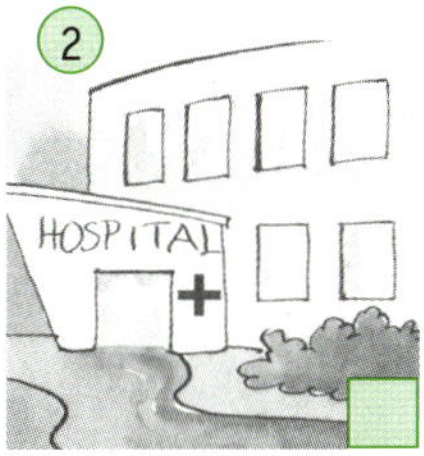

a. el profesor b. el recepcionista c. la enfermera d. la azafata

12

§ 2 § 3

Im Spanischen sind die Substantive entweder männlich (**masculino**) oder weiblich (**femenino**), Neutra gibt es nicht. Die meisten Substantive, die auf **-o** enden, sind männlich. Die meisten Substantive, die auf **-a** enden, sind weiblich.

el señor los señores la señora las señoras

Lernen Sie immer die Substantive mit dem Artikel zusamen, so können Sie sich leichter merken, ob das Wort männlich oder weiblich ist!
Hier finden Sie einen Überblick über die Bildung der weiblichen und männlichen Formen auf Spanisch im Singular und im Plural. Versuchen Sie die Lücken in beiden Tabellen zu vervollständigen.

singular	**masculino**	**femenino**
	el farmacéutic_____	la farmacéutic_____
	el camarer_____	la camarer_____
	el dependiente	la dependient_____
plural	los enfermeros	la_____ enfermer_______
	_______ profesores	_______ profesoras
	_______ dependientes	las dependient_______

13 1 TR07

Am Telefon, wenn man den eigenen Namen buchstabieren muss, braucht man häufig das Alphabet. Hören Sie sich den Namen und die richtige Aussprache der Buchstaben (**las letras**) mehrmals an. Danach können Sie die Aussprache üben, indem Sie jeden Buchstabe mit seinem Beispiel laut sprechen.

A a	**A**ntonio
B b	**B**arcelona/ **b**o**b**o (*albern*)
C c	**c**asa (*Haus*)/ **c**ielo (*Himmel*)
D d	**d**e**d**o (*Finger*)
E e	**E**va
F f	**F**rancia
G g	**g**uerra (*Krieg*)/ **g**itana (*Zigeunerin*)
H h	**h**istoria (*Geschichte*)
I i	**i**sla (*Insel*)
J j	**J**osé
K k	**k**ilo
L l	**l**itro (*Liter*)
M m	**M**anuel
N n	**n**ieve (*Schnee*)
Ñ ñ	**ñ**o**ñ**o (*zimperlich*)
O o	**O**viedo
P p	**P**arís
Q q	**qu**eso (*Käse*)
R r	**r**osa (*Rose*)/ pe**rr**o (*Hund*)/ pe**r**a (*Birne*)
S s	**s**ábado (*Samstag*)
T t	**T**oledo
U u	**u**va (*Traube*)
V v	**V**alencia
W w	**w**hisky/ **W**agner
X x	**x**ilófono (*Xylophon*)/ mi**x**to (*gemischt*)/ e**x**cursión (*Ausflug*)
Y y	**y**eso (*Gips*)/ re**y** (*König*)
Z z	**z**apato (*Schuh*)

14 1 TR08

Hören Sie sich die Wörter aufmerksam an und tragen Sie die fehlenden Buchstaben in die Lücken ein.

1. espa___ol, Espa___a
2. ___ero, a___afata
3. E___teban, ho___pital
4. Ba___celona, pe___o
5. ___uatro, ___artero
6. traba___ar, hi___o

15 1 TR09

Médico (*Arzt*) und **medicó** (*Medikamente verabreichen*) sind recht unterschiedliche Aussagen! Der Akzent im Spanischen spielt öfters eine große Rolle in der Bedeutung der Wörter. Hören Sie sich die Wörter an und unterstreichen Sie die Silbe, die betont wird, danach sprechen Sie sie aus.

1. tra-ba-jar
2. mé-di-co
3. re-cep-cio-nis-ta
4. vi-vir
5. Mé-xi-co
6. pro-fe-sor
7. a-vi-ón
8. pe-lu-que-ro

Wortschatz

te presento a... – darf ich dir ... vorstellen?
el suegro/ la suegra – der Schwiegervater/ die Schwiegermutter
¡Mucho gusto! – Sehr erfreut!
éste/ ésta es... – das ist ...
el primo/ la prima – der Cousin/ die Kusine
el cuñado/ la cuñada – der Schwager/ die Schwägerin
¡Es un placer! – Es ist mir ein Vergnügen!

1 ① TR 10

María Luisa stellt Pablo einige Familienmitglieder vor. Hören Sie sich den Dialog mehrmals an und beantworten Sie die Fragen.

§ 29

Was sagen Sie, ...

1. ... wenn Sie eine Frau vorstellen? ____________________
2. ... wenn Sie einen Mann vorstellen? ____________________
3. ... wenn Sie auf eine Vorstellung reagieren? ____________________, ____________________, ____________________

2 TR 11

Hier sehen Sie den Stammbaum der Familie (**la familia**) María Luisas und die Verwandtschaft (**el parentesco**) aus ihrer Sicht.

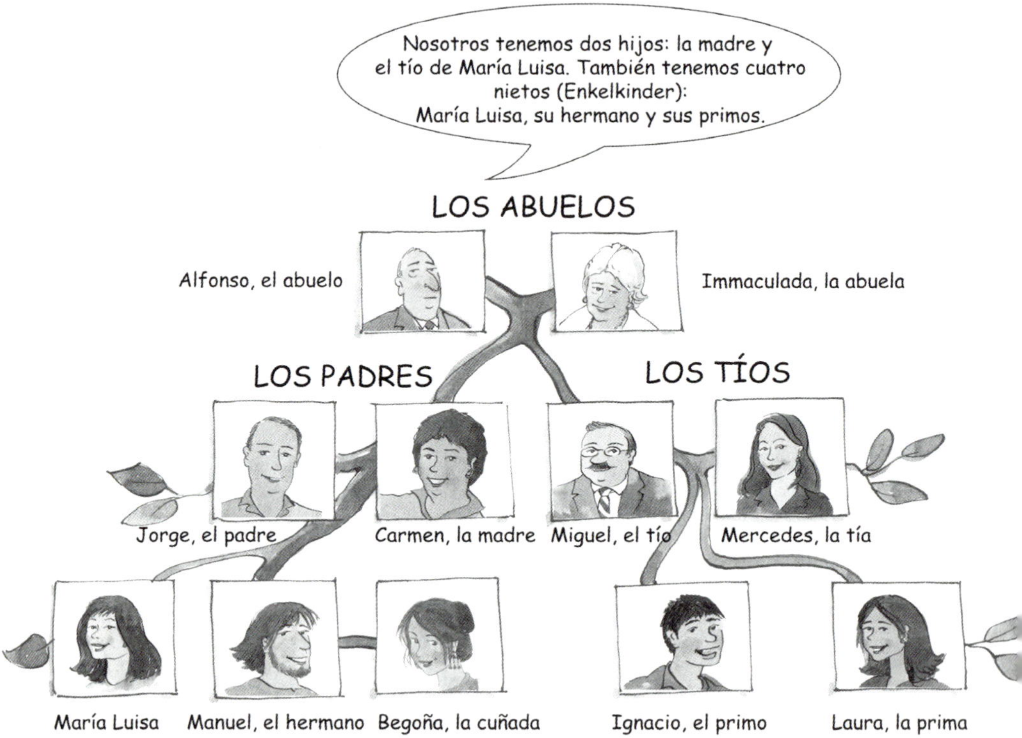

Wer könnte was sagen? Verbinden Sie jede Aussage mit dem passenden Mitglied der Familie. Danach können Sie sich die Sätze anhören.

1. Manuel es mi hermano.	a. Ignacio
2. Miguel es mi marido (*Ehemann*).	b. Inmaculada y Alfonso
3. Jorge es nuestro hijo.	c. Mercedes
4. Mercedes es mi madre.	e. María Luisa
5. María Luisa es nuestra sobrina (*Nichte*).	f. Miguel y Mercedes

3

In Übung 2 kommen Wörter wie **mi** (*mein, meine*) und **su** (*sein, seine, ihr, ihre*) vor. Es sind die Possessivartikel. Schauen Sie sich die Formen in der folgenden Tabelle an und versuchen Sie, die Lücken zu ergänzen. Im Anschluss können Sie das Grammatikkapitel über die Possessiva im Anhang lesen.

§ 33

Pronomen	Possessiva Singular	Possessiva Plural
yo	mi tío y mi tía	________ hijos y mis hijas
tú	tu tío y tu tía	tus hijos y ________ hijas
él/ ella/ Ud.	_______ tío y su tía	sus hijos y ________ hijas
nosotros/as	nuestro tío y nuestra tía	____________ hijos y nuestras hijas
vosotros/as	vuestro tío y ____________ tía	vuestros hijos y ____________ hijas
ellos/as/ Uds.	_______ tío y su tía	sus hijos y ________ hijas

4 1 TR 12

Um jemanden vorzustellen, werden im Spanischen die Formen **éste**/ **ésta** (*dieser/ diese hier*) benutzt. Hören Sie, wie die Leute vorgestellt werden und ergänzen Sie die Lücken im Anschluss.

§ 28

1. Ésta es mi amiga Lola.

2. Éste es mi hermano Óscar.

3. Éstas son mis hermanas.

4. Éstos son Luis y María, son mis amigos.

m Sing. = ____________________

f Sing. = ____________________

m Pl. = ____________________

f Pl. = ____________________

5

Bei einigen Ausdrücken des Familienstandes auf Spanisch können sowohl **ser** als auch **estar** verwendet werden. Ordnen Sie den spanischen Ausdrücken links die Übersetzungen rechts zu.

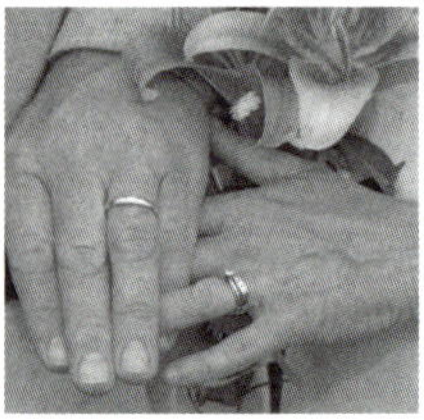

1. estar bzw. ser soltero/a	a. verheiratet sein
2. estar bzw. ser casado/a	b. verwitwet sein
3. estar divorciado/a	c. ledig sein
4. estar viudo/a	d. geschieden sein
5. ser viudo/a	e. Witwe(r) sein

6 1 TR 13

Lesen Sie die Aussagen oder Fragen und kreuzen Sie die passende Reaktion an. Danach können Sie sich die Aufnahme anhören.

1. Ésta es mi tía Mercedes.
   - a. No, soy Jorge.
   - b. Andrés es mi tío.
   - c. Está casada con mi tío.

2. Hola, yo soy Pilar. Es un placer.
   - a. Mucho gusto.
   - b. Tiene una hermana viuda.
   - c. No es mi tía.

3. ¿Quién es Juan José?
   - a. Ella es Begoña.
   - b. Es mi primo, está soltero.
   - c. No soy Ignacio.

4. ¿Quiénes son estos señores?
   - a. Encantado/a.
   - b. Son mis abuelos.
   - c. Buenos días.

5. Hola, soy Pepa.
   - a. No, no son mis abuelos.
   - b. Sí, soy casada.
   - c. Encantado/a.

6. Éste es Pablo.
   - a. Mucho gusto.
   - b. Está casado con María.
   - c. No, no es mi primo.

Wortschatz

guapo/a – hübsch
el vestido – das Kleid
la boda – die Hochzeit
las gafas – die Brille
el sombrero – der Hut
el chico – der Junge
los ojos (*Pl.*) – die Augen
azul – blau
nervioso/a – nervös, verspannt
rojo – rot
llevar – tragen
la barba – der Bart
los suegros – die Schwiegereltern
el viaje – die Reise

7 TR 14

María Luisa hat vor kurzem geheiratet. Heute hat sie ihre Freundin Lola zu sich eingeladen, die leider bei der Hochzeit nicht dabei sein konnte, um ihr die Fotos zu zeigen. Hören Sie sich den Dialog zwischen den Freundinnen an.

Jetzt können Sie die folgenden Sätze ergänzen. Bei Bedarf können Sie sich den Dialog erneut anhören. **¿Qué lleva Miguel?** (*Was trägt Miguel?*) Und Ana, was hat sie an?

1. Miguel lleva ________________.
2. Andrés tiene los ________________ azules.
3. Mi tía Ana lleva un ________________.
4. Inmaculada lleva un ________________ rojo.
5. Andrés es muy ________________ y además soltero.
6. Alfonso lleva ________________.
7. Los suegros de María Luisa son ________________.

a. vestido b. simpáticos c. gafas d. barba
e. guapo f. ojos g. sombrero

8

Schauen Sie sich die Bilder genau an und entscheiden Sie, welche Aussage zu welcher Person passt. Sie können den entsprechenden Buchstaben in das Kästchen eintragen.

El verbo **tener** (haben/tragen)

yo tengo
tú tienes
él/ella/ Ud. tiene
nosotros/-as tenemos
vosotros/-as tenéis
ellos/ellas/ Uds. tienen

1

2

3

a. Alfonso es calvo y lleva barba.
b. Antonio tiene bigote. Siembre lleva corbata.
c. Ana tiene el pelo corto. Lleva un sombrero muy bonito.

9 1 TR 15

§ 4

Die Adjektive richten sich in Geschlecht und Zahl nach dem Substantiv, auf das sie sich beziehen.
El chico es guapo. – La chica es guapa.
Los chicos son guapos. – Las chicas son guapas.
Bringen Sie die Buchstaben am Ende jedes Satzes in Ordnung und ergänzen Sie so die Sätze. Danach können Sie sich die Sätze anhören.

1. El tío y la tía de María Luisa son muy ________________.CSOMIPÁTIS (*sympathisch*)
2. La blusa (*Bluse*) de Mª Luisa es muy ________________________.LEGANETE (*elegant*)
3. Andrés es muy _______________. ORISE (*ernsthaft*)
4. Ellos están muy __________________. VINEROSOS (*nervös*)
5. Todas las amigas de María Luisa son muy _______________. TIVERDASDI *(lustig)*

10

Um eine Person auf Spanisch zu beschreiben, braucht man hauptsächlich drei Verben:
-**ser** + **rubio/a** (*blond*), **moreno** (*dunkelhaarig*), **guapo/a** (*hübsch*), **feo/a** (*hässlich*) ...
- **tener** + **los ojos azules**, **oscuros** (*dunkel*), **el pelo liso** (*glatte Haare*), **rizado** (*lockig*), **bigote/ barba** ...
- **llevar** + **bigote**, **barba**, **gafas** ...

Schreiben Sie eine Postkarte an einen Freund und beschreiben Sie dabei die Person auf dem Foto mit den Wörtern, die Sie bis jetzt gelernt haben. Bei Bedarf können Sie die Musterbeschreibung im Anhang lesen.

11 TR 16

Ein Arbeitskollege (**compañero**), der den neuen Chef (**jefe**) noch nicht kennt, fragt Rosa, wie er aussieht. Ordnen Sie die folgenden Sätze in Form eines schlüssigen Dialogs. Bei Bedarf können Sie sich den Dialog anhören.

1. *Rosa*: Es calvo y lleva barba.
2. *Compañero*: ¿Y cómo es?
3. *Rosa*: Sí, lo conozco. Se llama Juan.
4. *Compañero*: Rosa, ¿conoces (*kennst*) tú al nuevo jefe?
5. *Rosa*: Sí, sí, es muy simpático.
6. *Compañero*: ¿Es simpático?

Richtige Reihenfolge:

12 TR 17

Damit man Sie auf Spanisch richtig versteht, sollten sie auf Ihre Aussprache besonders achten, auch auf die Aussprache der Doppellaute (**diptongos**) – die Verbindung zweier Vokale zu einem Laut.
Im Spanischen bilden ausschließlich **i** und **u** in Verbindung mit einem Vokal einen Doppellaut, z.B. **armario** (*Schrank*), **duelo** (*Duell*).
Der **diptongo** wird wie eine einzige Silbe ausgesprochen. Wenn der Akzent (**acento**) jedoch auf das **i** oder das **u** fällt, werden die zusammentreffenden Vokale getrennt ausgesprochen. Über dem **i** oder dem **u** schreibt man in dem Fall ein Betonungszeichen (**una tilde**), wie z. B. in **Ma-rí-a**.

Lesen Sie die folgenden Wörter und versuchen Sie dabei, sie richtig auszusprechen. Danach können Sie sich die Aufnahme anhören und überprüfen, ob Sie sie richtig ausgesprochen haben.

María tío Luisa Laura familias parientes
divorciado viudo seria guapo Juan nerviosos

13

Lesen Sie einen Ausschnitt aus diesem Ihnen bereits bekannten Dialog laut vor und achten Sie dabei besonders auf die Aussprache der **diptongos**. Wählen Sie Track 14, wenn Sie den gesamten Dialog nochmal hören möchten.

Lola: ¡Qué guapa! ¡Qué vestido tan bonito!
Mª Luisa: Gracias. Sí, una boda muy bonita.
Lola: ¿Quién es el señor de las gafas? ¿Es tu padre?
Mª Luisa: No, es mi tío Miguel, el hermano de mi madre; y la señora del sombrero es mi tía Ana.
Lola: ¿Y este chico tan guapo?
Mª Luisa: Éste, el de los ojos azules, es mi primo Andrés. Es arquitecto, muy bueno y… todavía es soltero, pero trabaja día y noche.

TR 18

Übernehmen Sie jetzt die Rolle von María Luisa! Die Aufnahme wird nur die Sätze Lolas wiedergeben und Ihnen Zeit lassen, damit Sie María Luisas Sätze sprechen können.

Wortschatz

levantarse – aufstehen
normalmente – normalerweise
ducharse – sich duschen
rápidamente – schnell
ir(se) a – (hin)gehen zu/ nach
más tarde – später
despertar(se) – aufwecken, aufwachen
desayunar – frühstücken
la tarde – der Nachmittag/ der Abend
empezar – anfangen
el supermercado – der Supermarkt
comprar – (ein)kaufen
otro – andere
recoger – *hier*: abholen
la noche – spätabends, die Nacht
preparar – vorbereiten
la cena – das Abendessen
acostarse – ins Bett gehen
quedarse (*reflexiv*) – bleiben
ver la tele(visión) – fernsehen

1 1 TR 19

§ 31

Ana untersucht in ihrer Arbeit die Gewohnheiten der Spanier, dabei muss sie einige Leute über ihren Tagesablauf (**el trascurso del día**) befragen. Hören Sie sich diese Umfrage mehrmals an und entscheiden Sie im Anschluss, ob jede Aussage **verdadera** (*richtig*) oder **falsa** (*falsch*) ist.

	verdadera	falsa
1. Juan se levanta a las 8 todos los días.		
2. Juan no desayuna.		
3. La mujer de Juan se levanta siempre con su marido.		
4. Los niños salen de casa a las 9.		
5. Los niños se van en autobús al colegio.		

2 ① TR 20

¿Qué hora es? (*Wie viel Uhr ist es?*) Sehen Sie sich die Uhrzeiten auf den Bildern an. Wählen Sie nun die Zeitangabe aus, die der angegebenen Uhrzeit entspricht, und überprüfen Sie Ihre Antworten mit Hilfe der Aufnahme auf der CD.

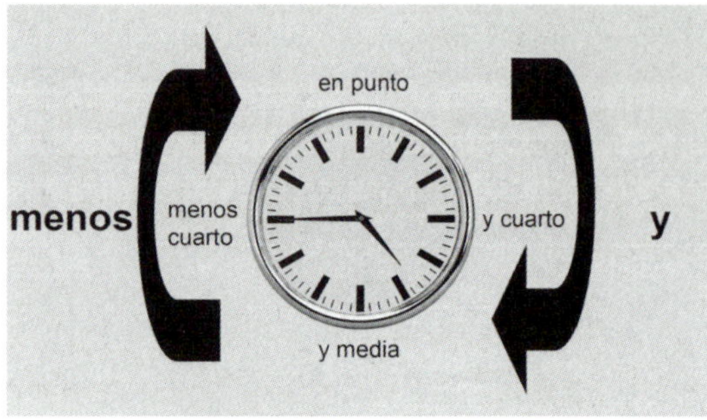

1

- a. A la una menos diez.
- b. Son las dos menos cuarto.
- c. Es la una y diez.

2

- a. Son las tres y cuarto.
- b. A las cuatro menos veinte.
- c. Son las tres y media.

3

- a. Son las ocho y veinte.
- b. A las ocho en punto.
- c. Son las ocho menos diez.

4

- a. Son las cinco y veinte.
- b. Son las cinco menos cuarto.
- c. A las cinco y cuarto.

5

- a. A las ocho menos cuarto.
- b. Son las siete menos cuarto.
- c. A las siete y cuarto.

6

- a. A las doce en punto.
- b. Son las doce y cuarto.
- c. A la una.

3 TR 21

Um die Uhrzeit richtig angeben zu können, sollten Sie sich die Zahlen (**números**) gut merken. Sie haben sie schon von **cero** bis **nueve** gelernt, lernen Sie jetzt die Zahlen bis 99! Hören Sie sich die Aufnahme mehrmals an. Können Sie die Namen der **números** ergänzen?

11 once	**12** _____	**13** ______	**14** catorce
15 quince	**16** dieciséis	**17** dieci______	**18** dieci_____
19 ______nueve	**20** veinte	**21** veintiuno	**24** veinti_______
26 veinti_____	**29** ___________	**30** treinta	**31** treinta y uno
33 treinta y _____	**37** _______ y ______	**39** ________ __ _____	**40** cuarenta
50 cincuenta	**60** sesenta	**61** sesenta y ____	**70** ________
80 ochenta	**82** ________ __ ____	**90** noventa	**96** ________ y _____

4 TR 22

Bei den Verkehrsmitteln (**los medios de transporte**) werden die Uhrzeiten im 24 Stundentakt angegeben. Hören Sie sich die Sätze an und schreiben Sie die Uhrzeiten auf.

1. El vuelo IB-5355 dirección Palma de Mallorca efectuará su salida a las __________.
   (Der Flug IB-5355 nach Palma de Mallorca startet um ... .)
2. El tren en dirección a Barcelona efectuará su salida a las __________.
   (*Der Zug nach Barcelona fährt um ... ab.*)
3. El vuelo IB-7864 dirección Madrid sale a las __________.
   (Der Flug IB-7864 nach Madrid startet um ... .)
4. El tren dirección Valencia sale a las __________.
   (*Der Zug nach Valencia fährt um ... ab.*)
5. El autobús nº 42 sale a las __________.
   (*Der Bus Nr. 42 fährt um ... ab.*)

5 1 TR 23

Hören Sie sich nun die Ausdrücke rund um den Tagesablauf (**el transcurso del día**) an und setzen Sie das Passende in die Lücken ein.

§ 10

1. **A** las doce en punto es ____________________.
2. Son las 24 horas. Es ____________________. ¿Vamos a la cama?
3. **Por** la mañana no puedo ir al cine. ¿Vamos a las seis de ____________________?
4. ¿Quedamos a las nueve de ____________________ para tomar un café?
5. **Desde** las 20 **hasta** las 21:30 tengo clase de baile. ¿Cenamos juntos a las 10 de ____________________?

a. la tarde b. la mañana c. medianoche d. la noche e. mediodía

6

Im Dialog kommen Wörter wie **me** oder **se** vor. Dies sind die Pronomen, die reflexive Verben wie **levantarse** und **ducharse** benötigen.

§ 31

Jetzt sind Sie dran! Schauen Sie sich die Formen in der Tabelle an und berichten Sie dann über Ihren eigenen Tagesablauf. Benutzen Sie dabei zumindest einmal die Verben **levantarse**, **ducharse**, **desayunar**, **irse a**, **comer**, **cenar**, **acostarse**. Bei Bedarf können Sie die Musterbeschreibung im Anhang lesen.

yo **me** ducho
tú **te** duch**as**
él/ Ud. **se** duch**a**
nos. **nos** duch**amos**
vos. **os** duch**áis**
ellos/ Uds. **se** duch**an**

____

____

____

____

Wortschatz

tener ganas de – Lust haben auf
el cine – das Kino
el viernes – der Freitag
lo siento – es tut mir leid
la clase de baile – der Tanzkurs
el sábado – der Samstag
estar de acuerdo – der gleichen Meinung sein
tomar algo – etwas trinken
delante de – vor

7

TR 24

Es ist Donnerstagabend. María Luisa hat immer noch keine Verabredung für das Wochenende und sie ruft ihre Freundin Josefina an. Hören Sie sich den Dialog mehrmals an.

Um sich zu verabreden, gibt es auf Spanisch feste Redewendungen. Können Sie sie mit Hilfe der deutschen Sätze im Dialog ausfindig machen und sie aufschreiben?

Wie man einen Vorschlag macht:

1. Hast du Lust am Freitag ins Kino zu gehen? = ____________________
2. Wollen wir etwas trinken? = ____________________
3. Willst du ins Kino gehen? = ¿Quieres ir al cine?
4. Was möchtest du machen? = ¿Qué te apetece hacer?

Wie man den Vorschlag annimmt:

5. Ok, einverstanden. = ____________________
6. Sehr gut! = ____________________
7. Warum nicht! = ¡Por qué no!
8. Es wäre mir ein Vergnügen. = Sería un placer.

8 TR 25

Hier haben Sie jeweils eine Frage und mehrere Möglichkeiten darauf zu reagieren. Welche dieser drei Antworten passt **nicht** zur Frage? Nachdem Sie die Aufgabe gelöst haben, können Sie sich die Aufnahme anhören.

1. ¿Quedamos el jueves?
   - ■ a. Perfecto, ¿a las ocho?
   - ■ b. Lo siento, el jueves no puedo.
   - ■ c. Mejor a las ocho.

2. ¿Tienes ganas de ir al cine?
   - ■ a. Lo siento, no puedo.
   - ■ b. ¿Qué tal?
   - ■ c. De acuerdo.

3. ¿Dónde quedamos?
   - ■ a. ¿Delante del bar El Toro?
   - ■ b. ¿A las ocho en el cine?
   - ■ c. ¿El lunes a las siete?

4. ¿A qué hora quedamos?
   - ■ a. ¿En la Plaza Mayor?
   - ■ b. ¿A las ocho de la mañana?
   - ■ c. ¿Qué tal a las doce?

9

¿Quedamos el sábado o el domingo? Lesen Sie jetzt laut die Wochentage (**los días de la semana**).

lunes | martes | miércoles | jueves | viernes | sábado | domingo

10 TR 26

§ 35

Um eine Verabredung abzulehnen, braucht man die Verneinung (**la negación**). Im Spanischen verneint man mittels der Partikel **no**, die immer vor dem Verb platziert ist. Verneinen Sie die folgenden Aussagen und hören Sie anschließend die Lösung in der Aufnahme auf der CD.

1. El domingo tengo clase de baile.

   ____

2. Ana y yo tomamos una copa en el bar La Tapa.

   ____

3. Quedamos en el cine el miércoles.

   ____

11

Haben Sie die gleichen Gewohnheiten wie die Spanier? Beantworten Sie die folgende Umfrage (**encuesta**).

1. voy al cine
   - a. nunca *(nie)*
   - b. una vez por semana
   - c. una vez al mes *(einmal pro Monat)*

2. almuerzo (*Mittagessen*) fuera de casa
   - a. nunca
   - b. raras veces *(selten)*
   - c. todos los fines de semana *(jedes Wochenende)*

3. como en la cantina
   - a. todos los días *(jeden Tag)*
   - b. tres veces por semana (*dreimal die Woche*)
   - c. siempre *(immer)*

4. empiezo a trabajar
   - a. siempre a la misma hora
   - b. entre las 7 y las 8:30
   - c. después de las 10

5. hago deporte
   - a. nunca
   - b. dos días por semana
   - c. todos los martes

6. me acuesto
   - a. antes (*vor*) de las 12
   - b. después (*nach*) de las 12
   - c. entre *(zwischen)* las 10 y las 12

12 1 TR 27

Almorzar und **empezar** gehören zu den spanischen Verben, die ihren Stammvokal verändern. Ergänzen Sie die folgenden Sätze. Bei Bedarf können Sie sich die Aufnahme zuerst anhören.

1. Me ____________ todos los días antes de las nueve. (despertarse)
2. __________ a trabajar a las nueve de la mañana. (empezar)
3. ___________ siempre en un bar. (almorzar)
4. Consuelo ________ libre el domingo. (tener)

e → ie
empezar, despertar
yo emp~~e~~zo → empiezo

o → ue
almorzar, dormir
él alm~~o~~rza → almuerza

§ 15

13 1 TR 28

J vor **a**, **e**, **i**, **o**, **u** und **g** vor **e** und **i** werden etwa wie das deutsche *ch* in ‚Fach' ausgesprochen,
aber
G vor **a**, **o** und **u** wird etwas weicher als das deutsche *g* in ‚gut' gesprochen.

Hören Sie zuerst die folgenden Wörter sehr aufmerksam, danach lesen Sie sie laut vor und achten Sie dabei besonders auf die Aussprache des **j** und des **g**.

Javier Jorge Julián Juan Jesús
ganso (*Gans*) guapo Begoña gusano (*Wurm*) Gustavo

14 1 TR 29

Ja, Sie haben es richtig verstanden! Vor **e** und **i** werden das **j** und das **g** auf Spanisch gleich gesprochen, vor **a**, **o** und **u** jedoch nicht. Hören Sie sich die Aufnahme an und achten Sie dabei besonders auf die Laute **j** und **g**. Unterstreichen Sie dann das Wort, das Sie gehört haben.

1. gusto	2. hago	3. jota	4. majo	5. hijo
justo	ajo	gota	mago	higo

15 1 TR 30

Hören Sie sich die Aufnahme an und ergänzen Sie dann die Wörter unten. Sprechen Sie sie dann mehrmals laut vor.

1. _______ue_____o (*Spiel*)
2. _______erra (*Krieg*)
3. _____ato (*Katze*)
4. pá_____aro (*Vogel*)
5. _____azmín (*Jasmin*)
6. _________itarra (*Gitarre*)

1 TR 31

Hören Sie sich an, wie Gerardo sich vorstellt und verbinden Sie die Angaben, die zusammen gehören, miteinander. Möchten Sie sich jetzt Gerardo vorstellen? Versuchen Sie es einfach mündlich!

nombre
nacionalidad
Boira Martínez
Gerardo
española

apellidos
lugar de nacimiento
fecha de nacimiento
Granada
25 de enero de 1974
dirección
azul
color de ojos
Avda. República 10, 4° 1ª

2 TR 32

Kennen Sie das **lotería**-Spiel? Suchen Sie sich drei Zahlen aus der folgenden Tabelle aus und markieren Sie sie. Hören Sie sich dann die Aufnahme an, in der eine Verlosung zu hören ist. Sind es Ihre Zahlen? Rufen Sie: **¡gané!** (*Ich hab' gewonnen!*)

1	2	3
4	5	6
7	8	9

In Spanien verfügt die **lotería nacional** über eine lange Tradition. Carlos III gründete sie 1763 mehr oder weniger in der Form, wie wir sie heute kennen. Wie sie funktioniert, ist recht einfach: Man kauft während der Woche ein **billete de lotería** (*Lotterielos*) an einem Lotteriekiosk und wartet bis Samstag, dem Tag, an dem die Ziehung (**el sorteo**) stattfindet.

Zu Weihnachten gibt es eine sehr spezielle Lotterieverlosung, mit der man mehr Geld als gewöhnlich gewinnen kann: **el gordo de Navidad** (wörtlich: *der Weihnachtsdicke*) am 22. Dezember. Der Tag ist ein großes Ereignis in Spanien: Jedermann kauft ein Los und hofft!

3

Finden Sie in diesen verketteten Buchstaben die Namen von zehn Ländern und unterstreichen Sie sie.

(1) pufranciakjitaliabtsuizath

(2) ñitalemanialodpoloniarsk

(3) holandatriaustriañsuecial

(4) drdinamarcadecespañalo

4 1 TR 33

Wer ist zur Hochzeit Lucías und Miguels eingeladen worden? Suchen Sie sechs Verwandtschaftsbezeichnungen in der Buchstabensuppe unten. Können Sie nicht alle Wörter finden? Hören Sie sich dann die Aufnahme an, sie wird Ihnen helfen. Mit den Buchstaben, die übrig bleiben, können Sie dann den Satz unten vervollständigen.

P	A	P	R	M	I	M
H	E	R	M	A	N	A
I	E	I	N	D	T	R
J	E	M	S	R	A	I
A	M	A	I	E	G	D
O	S	P	R	I	M	O

A la boda de Lucía y Miguel han sido invitados sus _ _ _ _ _ _ _ _ _

y sus _ _ _ _ _ _.

(Zur Hochzeit von Lucía und Miguel hat man ihre Verwandten und Freunde eingeladen.)

Wortschatz

hay – es gibt
la gasolinera – die Tankstelle
cerca – in der Nähe
aquí al lado – *hier:* in unmittelbarer Nähe
la calle – die Straße
tiene(s) que... – Sie müssen/ Du musst ...
torcer – (ab)biegen
primero/a – erste(r, s)
(a la) derecha – rechts
la avenida – die Allee
seguir todo recto – geradeaus dem Weg/ der Straße folgen
el cruce – die Kreuzung
pasar – vorbeigehen, -fahren
el parque – der Park
la iglesia – die Kirche
a mano izquierda – auf der linken Seite, links

1 TR 34

Lola kennt sich in der Stadt nicht aus, sie muss nach einer Tankstelle fragen. Hören Sie sich den Dialog mehrmals an und ordnen Sie im Anschluss den spanischen Sätzen die Übersetzungen zu.

1. ¿Cómo llego a...?
2. ¿Sabe usted si hay...?
3. torcer a la izquierda
4. tienes que seguir todo recto
5. pasar una iglesia
6. hasta el tercer cruce

a. an einer Kirche vorbeifahren/-gehen
b. du musst der Straße geradeaus folgen
c. Wie komme ich zu/ nach ...?
d. nach links abbiegen
e. bis zur dritten Kreuzung
f. Wissen Sie, ob es ... gibt?

2 1 TR 35

§ 12

Sehen Sie sich das folgende Bild an und ordnen Sie dann den spanischen Sätzen die Übersetzungen zu. Im Anschluss können Sie sich die Aufnahme anhören.

1. El museo está **al lado** de la farmacia.
2. El centro de información está **enfrente de** la iglesia.
3. La plaza Mayor está **detrás del** cine.
4. La fuente está **en medio** de la plaza.
5. La estación central está **lejos del** supermercado.

a. Der Hauptbahnhof ist **weit entfernt** vom Supermarkt.
b. Das Museum ist **neben** der Apotheke.
c. Der Brunnen ist **mitten auf** dem Platz.
d. Das Informationsbüro ist **gegenüber** der Kirche.
e. Der Mayor-Platz ist **hinter** dem Kino.

3

§ 17

Vervollständigen Sie die Lücken mit **está**/ **están** oder **hay**. Bei Bedarf können Sie das Grammatikkapitel im Anhang lesen.

1. La gasolinera ______________ en la calle Mayor.
2. Perdone ¿ ______________ una gasolinera por aquí cerca?
3. Los bares ______________ en el barrio *(Stadtteil)* del Carmen.

4 TR 36

Ordnen Sie die Sätze den Bildern zu. Danach können Sie sich die Sätze anhören.

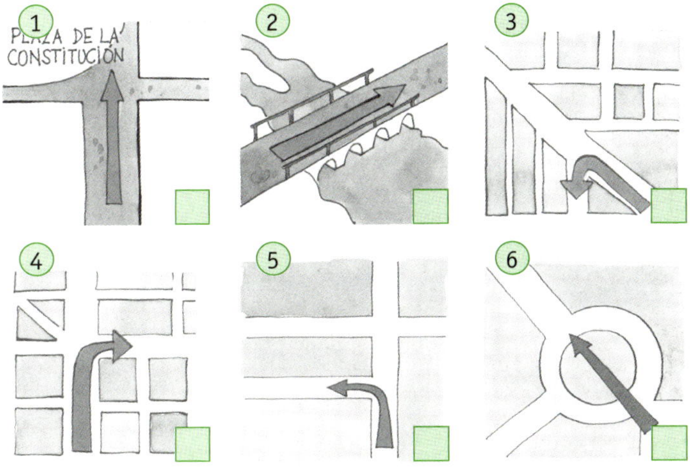

a. pasar un cruce y luego torcer a mano derecha
b. ir todo recto hasta la plaza
c. cruzar el puente (*Brücke*)
d. en la primera calle volver atrás (*umkehren*)
e. cruzar (*überqueren*) la plaza
f. torcer la primera calle a mano izquierda

5

§ 15

Um den Weg beschreiben zu können, sind die unregelmäßigen Verben **ir a** (*gehen, kommen*), **venir de** (*kommen*) und **seguir** (*folgen*) unentbehrlich. Lesen Sie die Formen in der folgenden Tabelle.

	ir	venir (e>ie)	seguir (e>i)
yo	**voy**	vengo	sigo
tú	**vas**	v**ie**nes	s**i**gues
él/ella/ Ud.	**va**	v**ie**ne	s**i**gue
nosotros/as	**vamos**	venimos	seguimos
vosotros/as	**vais**	venís	seguís
ellos/as/ Uds.	**van**	v**ie**nen	s**i**guen

6

1 TR37

Füllen Sie jetzt die Lücken mit der richtigen Form des Verbs in den Klammern. Danach können Sie sich die Sätze anhören und dabei Ihre Antworten überprüfen.

1. Perdone, ¿hay un banco por aquí cerca? – Sí, usted ________ esta calle todo recto. (seguir)
2. Nosotros ________ al cine enfrente de la farmacia. (ir)
3. Eva ________ de la farmacia. Está un poco enferma (*krank*). (venir)
4 Yo ________ al trabajo a las 7:30. (ir)
5. Tienes que ________ la calle y luego torcer a la izquierda. (seguir)

7

¡Usted está al lado del cine! Auf dem Bild von Seite 34 befinden Sie sich neben dem Kino, die Stelle ist mit einem Kreuz gekennzeichnet. Ein Fußgänger (**peatón**) fragt Sie nach dem Hotel Reconquista. Beschreiben Sie den Weg schriftlich. Wenn Sie Hilfe benötigen, können Sie die Musterlösung im Anhang lesen.

Peatón: Perdone, ¿sabe usted dónde está el Hotel Reconquista?

Usted: Sí, ____

____

____

____

8

Ob man im Spanischen **ir** (*gehen*) oder **venir** (*kommen*) verwendet, hängt davon ab, wo die Bezugsperson sich gerade befindet und welche Richtung sie einnimmt.

Können Sie mit Hilfe der Abbildungen den Satz vervollständigen?

Yo ________ al cine a las seis de la tarde. A esa hora tú ________ del trabajo.

Wortschatz

querer – *hier:* wollen, mögen
el billete sencillo – der einfache Fahrschein
el bono – die Mehrfahrtenkarte
desde aquí – von hier aus
fácil – leicht
la línea de metro – die U-Bahnlinie
cambiar – umsteigen
en dirección – Richtung

9 1 TR 38

Vena kommt in Madrid an und möchte zu Manuel fahren. Sie nimmt am besten die U-Bahn (**el metro**). Hören Sie sich zuerst den Dialog mit dem Schalterbeamten (**taquillero**) aufmerksam an und ergänzen Sie dann die Lücken im Text mit den passenden Ausdrücken.

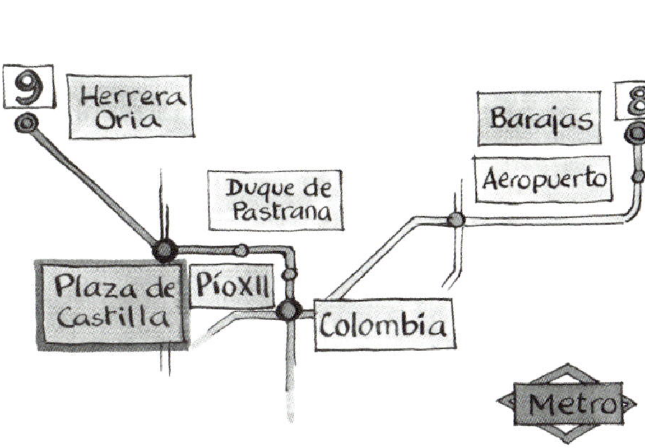

Vena: Hola, quiero ____________________(1), por favor.

Taquillero: ¿Quieres un billete sencillo o un bono de diez viajes?

Vena: Bueno, mejor un __________ (2) de diez viajes. ¿_______________? (3)

Taquillero: Son 7 euros.

Vena: Aquí tiene. Perdone, ¿puede decirme _______________ (4) hasta la Plaza de Castilla?

Taquillero: Sí, claro, desde aquí es muy fácil. Tienes que tomar la línea 8 hasta la estación Colombia y luego cambiar a la línea 9 en dirección a Herrera Oria. La tercera ___________ (5) es Plaza de Castilla.

Vena: Muchas gracias, adiós.

a. Cuánto es b. un billete de metro c. cómo voy d. estación e. bono

10 TR 39

Ergänzen Sie die Lücken im Text mit den Ausdrücken, die Sie in der Übung 9 gelernt haben. Wenn Sie Hilfe brauchen, können Sie sich die Aufnahme anhören.

Para ir ____________ Avenida de América hasta (*bis*) el aeropuerto de Barajas tiene que tomar ______________ 9 en ______________ a Herrera Oria. Después de tres estaciones tiene que ____________ a la línea 8 en dirección a Barajas y ______________ la tercera estación, Aeropuerto.

1. la línea 2. desde 3. cambiar 4. bajar en 5. dirección

11 TR 40

Sehen Sie sich die Abbildungen von den verschiedenen Verkehrsmitteln (**medios de transporte**) an, einige kennen Sie bereits. Hören Sie sich die Namen an und lesen Sie sie dabei.

1. la bicicleta

2. el avión

3. el tren

4. el tranvía

5. el coche

6. la moto(cicleta)

7. el taxi

8. el autobús

9. el camión

12

§ 11

In Verbindung mit den Verkehrsmitteln verwendet man das Verb **ir** mit der Präposition **en**: **Voy en metro.** (*Ich fahre mit der U-Bahn.*)
Ergänzen Sie die Lücken mit den Formen des Verbs **ir** + **en**, wie in dem Beispielsatz: **Yo voy al colegio en bicicleta**.

1. Begoña __________ al trabajo ___ moto(cicleta).
2. Eva y Toni __________ a Madrid ___ avión.
3. Vosotros ________ a Barcelona ___ tren.
4. Tú __________ al centro de la ciudad ____ autobús.
5. Nosotros ___________ desde París hasta Madrid ____ coche.
6. Al aeropuerto siempre _______ ____ taxi.

Dazu gibt es nur eine Ausnahme: **Voy a pie.** (*Ich gehe zu Fuß.*)

13

Jetzt müssen Sie entscheiden, ob die Wörter unten Orte in der Stadt (**sitios de la ciudad**) oder Verkehrsmittel (**medios de transporte**) sind. Ordnen Sie sie den Kategorien zu.

medios de transporte	sitios de la ciudad

a. el museo b. el autobús c. la plaza d. el coche e. el avión
f. la calle g. el puente h. el tren i. la bicicleta j. la avenida

14 TR 41

C vor **a**, **o**, **u** wird wie *k* in ‚Kasten' gesprochen. Vor **e** und **i** wird das **c** wie das englische *th* in ‚thing' gesprochen. **Qu** wird vor **e** und **i** wie *k* in ‚Kasten' gesprochen. Nur Fremdwörter werden im Spanischen mit **k** geschrieben, z. B. **kilómetro**, **kiosco** (auch **quiosco**).
Lesen Sie die folgenden Wörter laut vor. Achten Sie dabei ganz besonders auf die Aussprache von **c**. Danach können Sie sich die Aufnahme anhören und überprüfen, ob Sie die Wörter richtig ausgesprochen haben.

caro (*teuer*)	cera (*Wachs*)	colectivo (*Gemeinde*)	kárate	quiosco
Barcelona	ciudad	cubano (*Kubaner*)	cacique	kilogramo
pequeño (*klein*)	coco	cuidado (*Vorsicht*)	coche	cesta (*Korb*)

15 TR 42

Hören Sie sich die Aufnahme an und unterstreichen Sie dann das Wort, das Sie gehört haben.

1. crece	2. vaga	3. quiste	4. cucaracha
trece	vaca	viste	guaracha

16 TR 43

Diese Sätze sind durcheinander geraten. Bringen Sie sie mündlich wieder in Ordnung. Hören Sie sich danach die Aufnahme an und vergleichen Sie Ihre Aussprache. Danach können Sie die Sätze schreiben.

1. que – calle – la – a – Tiene – primera – la – tomar – izquierda
2. recto – seguir – todo – que – Hay
3. ir – coche – Tienes – en – que
4. la – iglesia – que – Tienes – pasar
5. El – cine – está – izquierda – de la plaza – a – la

1. ______________________________
2. ______________________________
3. ______________________________
4. ______________________________
5. ______________________________

Wortschatz

la carta – die Karte
recomendar – empfehlen
de primero – als Vorspeise
el/ los marisco(s) – die Meeresfrüchte
el solomillo de ternera – das Kalbsfilet
preferir – bevorzugen, vorziehen
el pescado – der Fisch
la ensalada mixta – der gemischte Salat
el lenguado a la parrilla – die gegrillte Seezunge
el vino tinto – der Rotwein
seco/a – trocken
la botella – die Flasche
el agua (*Fem.*) – das Wasser
¡Enseguida! – Sofort!
riquísimo/a – sehr lecker
la carne – das Fleisch
delicioso/a – köstlich
el postre – der Nachtisch
el helado – die Eiscreme
la cuenta – die Rechnung

1 TR44

Juan und Nieves gehen heute Abend ins Restaurant **La Reina**. Hören Sie sich den Dialog aufmerksam an. **¿Qué toma Juan de cena?** Und Nieves, was isst sie zu Abend? Tragen Sie bitte die Gerichte in die Lücken ein.

	la cena de Juan	la cena de Nieves
1. de primer plato toma...		
2. de segundo plato toma...		
3. para beber toma...		
4. de postre o café toma...		

a. un café con leche b. el helado de chocolate c. vino blanco
d. la sopa de mariscos e. agua mineral sin gas f. el solomillo de ternera
g. la ensalada mixta h. vino tinto i. el lenguado a la parrilla

2

Sie sitzen in einem wunderbaren Restaurant in Spanien und möchten etwas zu Essen und Trinken bestellen. Kreuzen Sie bitte die richtige Reaktion an.

1. Sie möchten fragen, was der Kellner empfiehlt:
   - ■ a. ¿Qué nos puede recomendar?
   - ■ b. ¿Qué desea?
   - ■ c. Quiero un entrante.

2. Sie möchten einen Salat als Vorspeise bestellen:
   - ■ a. De segundo, una ensalada.
   - ■ b. De primero, una ensalada.
   - ■ c. ¿Prefieres un vino blanco?

3. Sie möchten ein Mineralwasser:
   - ■ a. Yo quiero un agua mineral.
   - ■ b. Yo prefiero tomar un vino.
   - ■ c. Me trae un agua mineral con gas y un vino blanco.

4. Sie möchten Kalbfleisch als Hauptspeise bestellen:
   - ■ a. Me trae solomillo de ternera.
   - ■ b. De primero, sopa de pescado.
   - ■ c. Yo quiero de segundo pollo con patatas fritas.

3 ① TR 45

§ 15

§ 29

Was essen Sie lieber? Die Verben **gustar** (hier: *schmecken*) und **preferir** (*bevorzugen*) verwendet man im Spanischen, um die Geschmacksrichtung und die Vorlieben auszudrücken: **Me gusta la carne pero prefiero el pescado.** *(Mir schmeckt Fleisch, aber ich bevorzuge Fisch.)*

me/ te/ le gusta (Sing.)	→	**beber vino tinto**
		la buena comida
nos/ os/ les gustan (Pl.)	→	**los restaurantes**
		los mariscos
preferir	+ Infinitiv:	**Yo prefiero comer pescado.**
	+ Substantiv:	**Yo prefiero el vino tinto.**

Bilden Sie bitte mit den folgenden Wörtern richtige Sätze. Vergleichen Sie danach Ihre Antworten mit der Aufnahme.

1. me – gustar – el pescado – pero – preferir – carne

___

2. nos – gustar – el vino – pero – hoy (*heute*) – preferir – beber – agua

___

4 TR 46

Sehen Sie sich die folgende Speisekarte an und hören Sie sich die Bezeichnung der Gerichte in der Aufnahme an.

Entrantes y primeros platos *(Vorspeise und erster Gang)*

jamón serrano con melón *(Serranoschinken mit Melone)*

ensalada mixta *(gemischter Salat)*

paella al horno *(Ofenpaella)*

Segundos platos *(zweiter Gang)*

Pescado *(Fisch)*

merluza a la vasca *(Seehecht nach baskischer Art)*

langostinos a la parrilla *(gegrillte Garnelen)*

Aves y carnes *(Geflügel und Fleisch)*

pechuga de pollo con patatas *(Hähnchenbrust mit Pommes frites)*

solomillo de cerdo *(Schweinefilet)*

Postres *(Nachspeisen)*

fruta del tiempo *(Obst der Saison)*

flan *(Pudding)*

Bebidas y refrescos *(alkoholische und nicht alkoholische Getränke)*

vino tinto, rosado, blanco *(Rot-, Weißwein, Rosé)*

cerveza *(Bier)*

agua mineral con gas/ sin gas *(Mineralwasser/ stilles Wasser)*

Cafés e infusiones *(heiße Getränke)*

café solo/ cortado *(Espresso/ Espresso mit ein wenig Milch)*

café con leche *(doppelter Espresso mit Milch)*

carajillo de ron/ de coñac *(Espresso mit Rum/ Brandy)*

5 TR 47

Wissen Sie schon, was Sie essen möchten? Hören Sie sich erst mal einige Bestellungen auf der CD an und versuchen Sie dann selber mündlich etwas zu bestellen. Vergessen Sie nicht, deutlich zu äußern, was Sie **de primero, de segundo** etc. wünschen. Benutzen Sie dabei Verben wie **tomar** (*nehmen*) oder **preferir** (*bevorzugen*).

6 TR 48

§ 16

El pescado de Nieves está riquísimo. Im Restaurant ist auch wichtig, das Essen bewerten zu können. Verbinden Sie die Satzhälften und hören Sie sich danach die Aufnahme an.

1. El pastel (*Kuchen*) está...	a. ...soso. (*fad*)
2. La sopa (*Suppe*) está...	b. ...dulce (*süß*), con mucho azúcar.
3. El pescado no tiene sal, está...	c. ...salada. (*salzig*)

7

Bewerten Sie mündlich folgende Bilder mit Hilfe der Adjektive und bilden Sie dabei ganze Sätze mit den Verben **estar** und (**no**) **gustar**. Im Anhang finden Sie eine Musterlösung!

El café está amargo. No me gusta./ Me gusta.

1. amargo/a (*bitter*)

2. picante (*scharf*)

3. frío/a (*kalt*)

8 TR 49

§ 30

Um im Restaurant etwas zu bestellen, kann man im Spanischen auch **querer** (*mögen*) oder **apetecer** (*Lust haben*) benutzen.

me/ te/ le	**apetece** (Sing.)	+ Infinitiv: **beber vino tinto** + Substantiv: **una botella de agua**
nos/ os/ les	**apetecen** (Pl.)	+ Infinitiv: **comer tapas** + Substantiv: **unas tapas**

Setzen Sie bitte das Verb in Klammern in der richtigen Form in die Lücken ein. Hören Sie sich dann die Aufnahmen an und vergleichen Sie.

1. Me ____________ un delicioso solomillo de ternera. (apetecer)
2. ¿Tú____________ una esalada mixta y una sopa de mariscos? (querer)

Wortschatz

el/ la vendedor(a) – der/ die Verkäufer(in)
el/ la cliente/a – der/ die Kunde/in
¿Qué desea? – *hier*: Was möchten Sie?
deme... – geben Sie mir ...
la cebolla – die Zwiebel
el ajo – der Knoblauch
la naranja – die Orange
¿Cuánto cuestan ... ? – Wie viel kosten die ...?
la pera – die Birne
¿Algo más? – Noch etwas dazu?

9 1 TR 50

Gehen wir jetzt auf den berühmten Markt **La Boqueria** in Barcelona Obst und Gemüse (**frutas y verduras**) einkaufen. Hören Sie sich den Dialog mehrmals an und entscheiden Sie im Anschluss, ob die Sätze **verdaderas** oder **falsas** sind.

	verdadera	falsa
1. La clienta no quiere peras.		
2. La vendedora pregunta qué desea a la clienta.		
3. La clienta solo quiere carne.		
4. La clienta paga (*bezahlt*) cinco euros con veinte.		
5. La vendedora le pone dos kilos de tomates.		
6. La clienta quiere ajo, cebollas y tomate.		

10 TR 51

Hören Sie sich die folgenden Obst- (**frutas**) und Gemüsenamen (**verduras**) an. Schreiben Sie dann die Buchstaben in die Kästchen auf den entsprechenden Bildern.

1

2
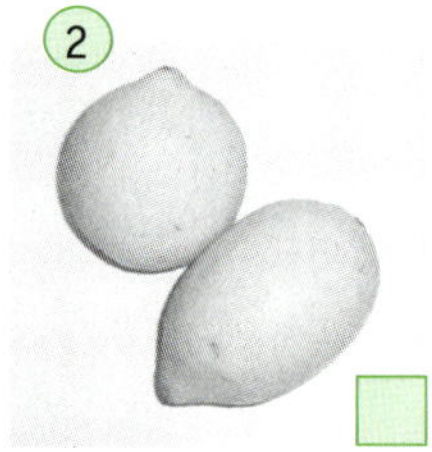
3

4

5
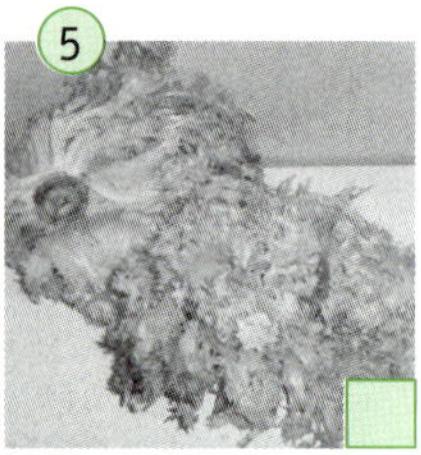
6

7

8

a. limones b. zanahorias c. naranjas d. manzanas e. plátanos f. ajos g. lechugas h. pimientos

11

Reagieren Sie jetzt auf die Aussagen und ordnen Sie sie zu.

1. ¿Qué desea?
2. ¿Quiere algo más?
3. ¿Cuánto son los plátanos?
4. Estas manzanas son muy buenas, ¿le pongo un kilo?

a. Los plátanos cuestan 80 céntimos el kilo.
b. Quiero un kilo de peras, por favor.
c. Sí, deme un kilo de manzanas, por favor.
d. No gracias, eso es todo. ¿Cuánto es?

12

Um nach dem Preis zu fragen, gibt es mehrere Möglichkeiten, wie Sie die Frage formulieren können:

Einzahl	Mehrzahl
¿Cuánto vale (*kostet*)...?	¿Cuánto valen (*kosten*)?
¿Cuánto cuesta?	¿Cuánto cuestan?
¿Cuánto es? *(Wie viel macht das?)*	

Sehen Sie sich die folgenden Bilder an und ordnen Sie die entsprechenden Sätze zu.

a. Media docena de huevos y un paquete de sal valen 2,25 euros.
b. Una barra de pan cuesta 0,95 euros.
c. Una bolsa de papas fritas vale 1,30 euros.
d. Una botella de aceite vale 3,40 euros.
e. Una botella de vino y una lata de cerveza cuestan 4,85 euros.
f. Dos botellas de agua valen 0,55 euros.
g. Dos paquetes de arroz cuestan 3,10 euros.
h. Un brik de leche cuesta 0,82 euros.

1 TR 52

Nehmen wir jetzt an, Sie wissen noch nicht, wie viel die abgebildeten Lebensmittel und Getränke kosten. Formulieren Sie mündlich zu den Aussagen die passenden Fragen, um zu erfahren, wie viel sie kosten. Danach können Sie Ihre Fragen mit der Aufnahme vergleichen.

13 TR 53

Lesen Sie die folgenden Wörter laut vor und vergleichen Sie dann Ihre Aussprache mit der Aufnahme.

carro (*Karren*)	música	cerrojo (*Riegel*)
castillo (*Schloss*)	cielo (*Himmel*)	acostarse

14 TR 54

Z wird vor **a**, **o**, **u**, einem Konsonant oder am Ende des Wortes wie das englische *th* in ‚thing' gesprochen. Nur Fremdwörter werden im Spanischen mit **z** vor **e** oder **i** geschrieben, z. B. **neozelandés** (*neuseeländisch*), **zinc** (*Zink*).
Lesen Sie die folgenden Wörter laut vor und achten Sie dabei auf die Aussprache von **c** und **z**. Danach können Sie sich die Aufnahme anhören und überprüfen, ob Sie die Wörter richtig ausgesprochen haben.

azul (*blau*)	aceite	caricia (*Liebkosung*)	zapato (*Schuh*)
Cádiz	lápiz (*Bleistift*)	cinco	Cuzco
cesta	coche (*Auto*)	calcetín (*Socke*)	neozelandesa

15 TR 55

Hier finden Sie zwei Situationen, die Sie bereits kennen. Reagieren Sie bitte mündlich auf jede Aussage, verwenden Sie dabei die Wörter in Klammern. Im Anschluss können Sie Ihre Reaktionen mit der Aufnahme vergleichen.

En el restaurante:

1. ¿Qué desea tomar?
   (primero, ensalada, segundo, solomillo, ternera)
2. ¿Qué tal está la sopa?
   (muy rica)
3. ¿Quieren postre?
   (yo, helado, chocolate)
4. ¿Desea un café?
   (gracias, todo, cuenta, favor)

En el supermercado:

5. ¿Qué desea?
   (deme, dos, patatas, kilos)
6. ¿Desea algo más?
   (cuánto, plátanos, cuestan)
7. Cuestan 1 euro 20 el kilo.
   (entonces, quiero, dos)
8. ¿Quiere manzanas?, están riquísimas.
   (no, gracias, todo, es, cuánto)

Wortschatz

el anuncio – die Anzeige
el periódico – die Zeitung
alquilar – (ver)mieten
¡Pasen! – Kommen Sie herein!
el pasillo – der Flur
la sala de estar – das Wohnzimmer
la vista – die Aussicht
el jardín – der Garten
luminoso/a – hell
la cocina – die Küche
el cuarto de baño – das Badezimmer
el alquiler – die Miete
el dormitorio – das Schlafzimmer
las escaleras (*Pl.*) – die Treppe

1 (1) TR 56

María und Francisco möchten ein Haus (**una casa**) mieten. Sie haben eine Anzeige gesehen und rufen an. Hören Sie zuerst das Telefongespräch, in dem ein Termin vereinbart wird, und danach das Gespräch bei der Hausbesichtigung.

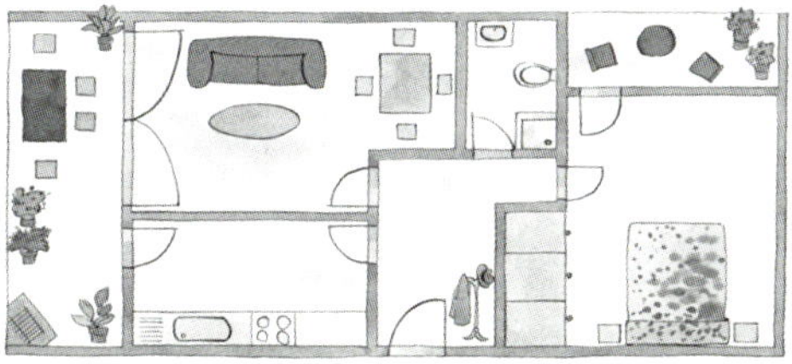

1. La casa es grande y luminosa.
   - a. Das Haus ist zu klein.
   - b. Das Haus ist groß und hell.
   - c. Das Haus ist klein und hell.

2. La sala de estar tiene vista al jardín.
   - a. Die Küche hat keine Aussicht auf den Garten.
   - b. Das Badezimmer hat eine Aussicht auf den Garten.
   - c. Das Wohnzimmer hat eine Aussicht auf den Garten.

3. El cuarto de baño tiene ducha y bañera.
   - a. Das Badezimmer hat eine Dusche und eine Badewanne.
   - b. Das Badezimmer hat nur eine Dusche.
   - c. Das Haus hat zwei Badezimmer.

4. ¿Y cuánto es el alquiler?
   - a. Wie hoch ist die Miete?
   - b. Wie viele Toiletten hat das Haus?
   - c. Wann kann das Haus besichtigt werden?

2 TR 57

Was kann man in einer Wohnung sehen? Lesen Sie die Bezeichnungen auf den Bildern und hören Sie sich die Aufnahme an.

1. la mesa

2. el armario

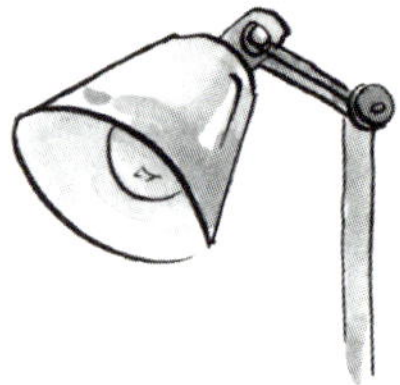
3. la lámpara

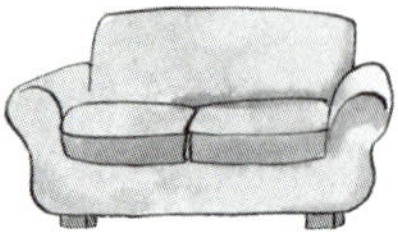
4. el sofá

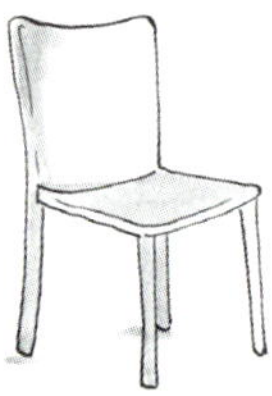
5. la silla

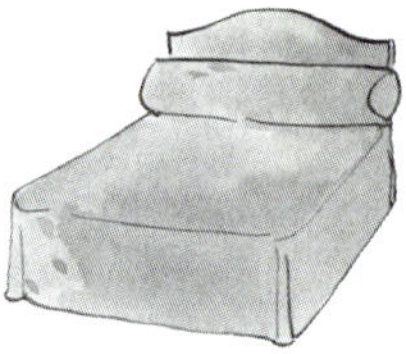
6. la cama

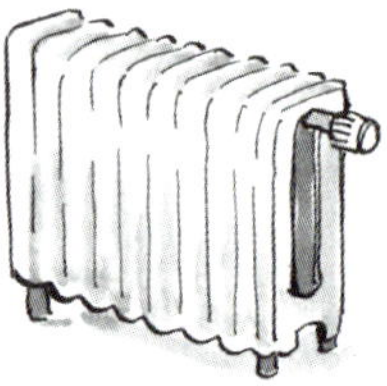
7. la calefacción

8. el sillón

3 TR 58

Wo befindet sich was? Fügen Sie die Begriffe unten in die Lücken ein. Vergleichen Sie dann Ihre Antworten mit den Sätzen der Aufnahme.

1. En la sala de estar hay una ____________ grande y cuatro ______________.
2. La cama y el armario están en el ______________.
3. La casa tiene dos ______________ __________ ____________. Uno grande con ______________ y otro pequeño con un wáter.
4. Cada habitación tiene ______________ para el invierno (*Winter*).
5. En el jardín hay ______________.

a. escaleras b. sillas c. cuartos de baño d. calefacción
e. mesa f. dormitorio g. bañera

4

Reagieren Sie auf die Fragen und kreuzen Sie die passenden Antworten an.

1. ¿Le gusta el dormitorio?
   - a. Tiene una mesa y cuatro sillas.
   - b. Sí, es muy grande y luminoso.
   - c. Entonces a las cinco.

2. ¿Cuándo puedo pasar?
   - a. A las siete en punto.
   - b. El baño tiene una bañera grande.
   - c. Sí, la cama es grande.

3. ¿Cuánto es el alquiler?
   - a. No, no me gusta.
   - b. Sí, es fantástica.
   - c. El alquiler son 555 euros por mes.

4. ¿Podemos ver los dormitorios?
   - a. Sí, pasen, pasen.
   - b. Entonces a las cinco.
   - c. Hay una lámpara en cada habitación.

5 1 TR 59

§ 32

Um Fragen stellen zu können , brauchen Sie die Fragewörter (**interrogativos**):
qué (*was*), **quién(es)** (*wer*), **cuál(es)** (*welche/r/s*), **cómo** (*wie*), **cuánto(s)/a(s)** (*wie viele*), **cuándo** (*wann*), **dónde** (*wo*), **adónde** *(wohin)*.
Schreiben Sie das richtige Fragewort in die Lücke. Wenn Sie Hilfe brauchen, können Sie sich die Fragen zuerst anhören.

1. ¿_____________ habitaciones tiene tu casa?
2. ¿________ hay en tu sala de estar?
3. Perdona, ¿____________ está el baño?
4. ¿_________ es el alquiler?
5. ¿__________ podemos pasar a ver la casa?
6. ¿_________ está en el jardín?

6 1 TR 60

Schauen Sie sich die Bilder an und hören Sie, was alles zur Einrichtung des Badezimmers gehört. Schreiben Sie dann in jedes Kästchen den entsprechenden Buchstaben.

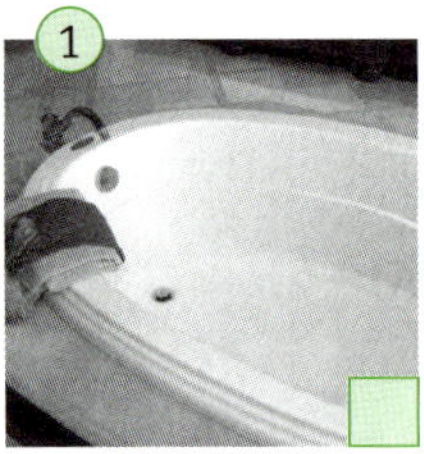

a. el wáter b. los productos de aseo c. la bañera d. la repisa
e. la toalla f. el lavabo

7

§ 11

Wo befindet sich was? Ordnen Sie den Sätzen die richtigen Übersetzungen zu. Im Anschluss können Sie das Grammatikkapitel über die Präpositionen lesen.

1. El secador de pelo está encima del lavabo.
2. El wáter está al lado de la bañera.
3. Los productos de aseo están sobre la repisa.
4. El espejo cuelga de la pared.
5. La toalla está entre el armario y el lavabo.

a. Der Spiegel hängt an der Wand.
b. Der Föhn liegt auf dem Waschbecken.
c. Das Handtuch hängt zwischen dem Schrank und dem Waschbecken.
d. Die Toilette ist neben der Badewanne.
e. Die Produkte für die Körperpflege sind auf der Ablage.

Wortschatz

se vende – zu verkaufen
el piso – die Wohnung; das Stockwerk
la superficie – die Oberfläche
el garaje – die Garage
amoblar – möblieren
con vistas al mar – mit Blick auf das Meer
la zona – *hier*: die Lage
a convenir – nach Vereinbarung
el ascensor – der Aufzug
a pie de playa – direkt am Strand

8

Eva und Juan möchten sich eine Ferienwohnung am Meer kaufen. Lesen Sie die Verkaufsanzeigen.

Se vende: 4º piso, nuevo,
en Benicasim, superficie 80 m²;
3 habitaciones, 1 baño,
garaje, terraza.
Sin amoblar.
Con vistas al mar
(500 m de la playa),
zona tranquila.
Precio: a convenir.

Se vende: apartamento en
Almazora, 2º piso sin ascensor,
65 m², 1 dormitorio, 1 baño
(renovado) con ducha ,
terraza grande, a pie de playa.
Amueblado.
Precio: a convenir.

Entscheiden Sie jetzt, ob die folgenden Aussagen **verdaderas** oder **falsas** sind.

	verdadera	falsa
1. Los dos pisos se alquilan.		
2. Los dos pisos tienen vistas al mar, uno está a pie de playa.		
3. El piso de Almazora tiene ascensor.		
4. El piso de Benicasim tiene dos habitaciones.		
5. Los dos pisos tienen terraza.		
6. El piso de Almazora no está amueblado.		

9 TR 61

§ 8

Ordnungszahlen können Sie brauchen, um zum Beispiel das Stockwerk eines Hauses zu bezeichnen. Hören Sie sich die Aufnahme mehrmals an und versuchen Sie sich dabei die Ordnungszahlen zu merken.

1º/1ª primero/a	4º/4ª cuarto/a	6º/6ª sexto/a	9º/9ª noveno/a
2º/2ª segundo/a	5º/5ª quinto/a	7º/7ª séptimo/a	10º/10ª décimo/a
3º/3ª tercero/a		8º/8ª octavo/a	

10

In welchem Stockwerk wohnen diese Personen? In Spanien gibt man die Adresse immer mit Hilfe der Ordnungszahlen an: **José Guerrero, c/ Sauce nº 30, 6º 4ª**. Dabei entspricht **6º** (**el sexto piso**) dem Stockwerk und **4ª** (**la cuarta puerta**) der Tür. Schauen Sie sich die abgebildeten Briefkästen an und wählen Sie die passende Antwort aus. Im Anschluss können Sie sich die Aufnahme anhören und dabei Ihre Antworten vergleichen.

① Pablo Hernández Ruiz
María Jurado Pérez
4º 4ª

- a. Pablo vive en el décimo cuarta.
- b. Carmen vive en el cuarto tercera.
- c. El Sr. Hernández vive en el cuarto cuarta.

② Carmen Palomo Suárez
Manuel Vendrell Jiménez
7º 1ª

- a. Manuel Vendrell vive en el séptimo primera.
- b. Carmen vive en el noveno A.
- c. Manuel vive en su casa.

③ Berta García Romero
Luisa Andrade Gil
10º 3ª

- a. Berta vive con Manuel Vendrell.
- b. Berta vive en el décimo tercera.
- c. La Sra. García vive en el octavo segunda.

④ Sres. GONZÁLEZ RUBIO
8º dcha.

- a. La familia González vive en el octavo derecha.
- b. El Sr. González vive en el primero izquierda.
- c. La Sra. González vive en el séptimo B.

11 TR 62

Hören Sie sich die Aufnahme, in der zwei Wohnungen (A und B) verglichen werden, aufmerksam an. Ordnen Sie den spanischen Sätzen die Übersetzungen zu.

más + tranquilo + que
(ruhiger als)
igual de + tranquilo + que
(genauso ruhig wie)
menos + tranquilo + que
(weniger ruhig als)

§ 7

1. El piso A es más nuevo que el piso B.
2. El dormitorio de A es más grande que el dormitorio de B.
3. La cocina de A es menos luminosa que la cocina de B.
4. El cuarto de baño de A es igual de grande que el cuarto de baño de B.

a. Die Küche von A ist weniger hell als die Küche von B.
b. Das Badezimmer von A ist genauso groß wie das Badezimmer von B.
c. Die Wohnung A ist neuer als die Wohnung B.
d. Das Schlafzimmer von A ist größer als das Schlafzimmer von B.

12 TR 63

Vergleichen Sie jetzt die Anzeigen der Wohnungen auf Seite 53. Im Anschluss können Sie sich die Sätze anhören und dabei Ihre Antworten überprüfen.

1. El piso de Almazora es ___*más*___ pequeño ___*que*___ el piso de Benicasim.
2. El piso de Benicasim es ________ nuevo ________ el de Almazora.
3. El piso de Benicasim está ________ cerca de la playa ________ el de Almazora.
4. El piso de Almazora parece (*scheint*) tan bonito ________ el de Benicasim.

13 1 TR64

Die Aussprache von **ñ** im Spanischen ist dem deutschen *gn* in ‚Cognac' sehr ähnlich. Sprechen Sie die folgenden Wörter laut vor sich hin. Hören Sie sich danach die Aufnahme an und überprüfen Sie dabei, ob Ihre Aussprache korrekt war.

año	niño	español	compañero	pequeño
lasaña	piraña	caña (*Rohr*)	montaña	campaña (*Feldzug*)

14 1 TR65

Lesen Sie die folgenden Wörter. Hören Sie sich danach die Aufnahme aufmerksam an und unterstreichen Sie dabei die Wörter, die Sie gehört haben.

1. España	2. cana	3. Nina	4. campaña
Hispania	caña	niña	campana

15

Lesen Sie einen Ausschnitt aus diesem Ihnen bereits bekannten Dialog laut vor und achten Sie dabei besonders auf die Aussprache von **ñ**. Wählen Sie Track 56, wenn Sie den gesamten Dialog nochmal hören möchten.

María: ¡Es fantástica!
Vermieterin: Éste es el cuarto de baño grande con ducha y bañera. ¿Les gusta?
María: Sí, me encanta.
Francisco: ¿Y cuánto es el alquiler?
Vermieterin: 955 euros por mes.
Francisco: Eso está muy bien.
María: ¿Podemos ver los dormitorios?
Vermieterin: ¡Claro que sí! Aquí están, son tres dormitorios.
Francisco: ¡Qué bonitos!

1 TR66

Übernehmen Sie jetzt die Rolle der Vermieterin! Die Aufnahme wird nur die Sätze von María und Francisco wiedergeben und Ihnen Zeit lassen, damit Sie die Sätze der Vermieterin sprechen können.

1

Schreiben Sie die entsprechenden spanischen Zahlen als Wörter in die Kästchen. Wenn Sie alle Zahlen richtig geschrieben haben, können Sie waagerecht ein Wort lesen und den Satz unten ergänzen.

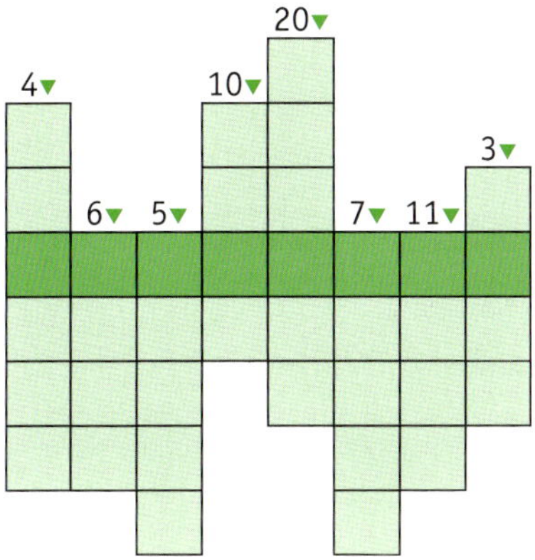

Claudia va al 4° piso, donde vive Miguel, con el ______________________ (*Aufzug*).

2 1 TR67

Versuchen Sie jetzt einen spanischen Zungenbrecher (**el trabalenguas**) auszusprechen. Hören Sie sich zuerst die Aufnahme mehrmals an und lesen sie ihn danach vor! Wie alle Zungenbrecher, macht er nicht viel Sinn. Trotzdem finden Sie eine Übersetzung des **trabalenguas** im Anhang.

El que poco coco come, poco coco compra;
el que poca capa se tapa, poca capa se compra.
Como yo poco coco como, poco coco compro;
y como poca capa me tapo, poca capa me compro.

3 TR 68

¿Dónde está...? Schreiben Sie mit Hilfe der Aufnahme die richtige Ortseingabe in das Kreuzworträtsel.

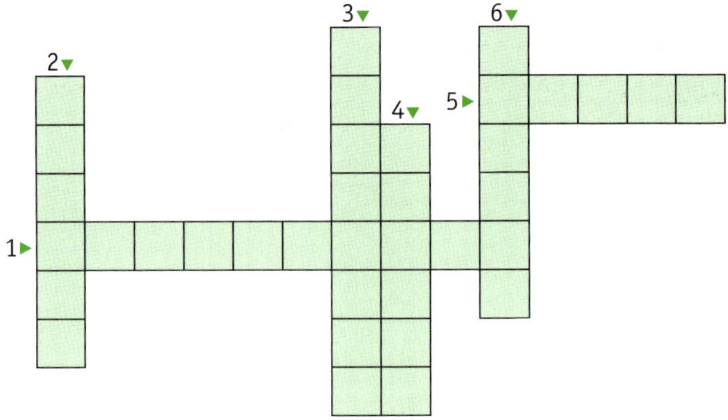

4

Obwohl die Spanier die **tortilla de patatas/ papas** für typisch spanisch halten, kommt das *Kartoffelomelett* ursprünglich aus Peru. Hätten Sie Lust eine **tortilla de patatas** zu kochen? Hier finden Sie das Rezept für zwei Personen.

Schneiden Sie vier Kartoffeln und eine Zwiebel in Würfel und frittieren Sie sie in heißem Sonnenblumenöl. In einer Schale drei Eier schlagen, salzen und dann die fritierten Kartoffeln und Zwiebel dazu geben.

Braten Sie bei mittlerer Hitze alles zusammen in einer Pfanne mit ein wenig Olivenöl. Dabei müssen Sie mit Hilfe eines Tellers das Omelett einmal wenden. Wenn beide Seiten goldbraun sind, ist die **tortilla** fertig. Guten Appetit!

Wortschatz

Querido/a... – Liebe(r) ...
la sorpresa – die Überraschung
¡Cómo pasa el tiempo! – Wie schnell die Zeit vergeht!
hacerse viejo – alt werden
acordarse de – sich an etw./ jdn. erinnern
la tarta – die Torte
brindar por – anstoßen auf
echar a alguien de menos – jemanden vermissen
¡Regresa pronto! – Komm bald zurück!
el abrazo – die Umarmung

1

Lola wohnt seit einem Jahr in Berlin. Sie hat heute Geburtstag und bekommt eine Glückwunschkarte (**tarjeta de cumpleaños**) von ihren Freunden aus Valencia. Lesen Sie den Text und unterstreichen Sie die Formen, mit denen man jemandem zum Geburtstag gratuliert und mit denen man das Alter ausdrückt.

Querida Lola:

Valencia, 2 de mayo de 2007

¡Sorpresa! Hoy es 4 de mayo, ¡tu cumpleaños! ¡Cómo pasa el tiempo! ¿Cuántos años cumples? Sí, 30. Tienes ya treinta años amiga. ¡Todos nos hacemos viejos!
Es el primer año que no estás aquí para celebrar tu cumpleaños todos juntos, pero todavía nos acordamos mucho de ti. Vamos a comprar una tarta y a brindar por ti.
Todos tus amigos te deseamos un año más de éxitos en Berlín. ¡Te echamos de menos!
¡Regresa pronto! ¡Muchas felicidades!

¡Pasa un buen día!
un beso, Pablo y Ana

¡Feliz cumpleaños!
abrazos, Carmen y Berta

2 TR 01

Nach dem Alter fragt man so:

¿Cuántos años + tener? z.B **¿Cuántos años tienes?** – *Wie alt bist du?*
z.B **¿Cuántos años tiene Lola?** – *Wie alt ist Lola?*

Darauf antwortet man:

tener + número + años z.B **(Yo) tengo 27 años.** – *Ich bin 27 Jahre alt.*
z.B **Mi madre tiene 53 años.** – *Meine Mutter ist 53 Jahre alt.*

Wie alt sind die folgenden Personen? Beantworten Sie die Frage für jede Abbildung mündlich und vergleichen Sie dann Ihre Antwort mit der Aufnahme.

1

30 años

2

47 años

3

83 años

3

Wenn Sie wissen möchten, wann jemand Geburtstag hat, können Sie fragen:
¿Cuándo + ser + tu/ su cumpleaños?
z.B. **¿Cuándo es tu cumpleaños?** – *Wann hast du Geburtstag?*

Darauf antwortet man:
mi cumpleaños + ser + el + fecha (*Datum*) **+ mes** (*Monat*)
z.B. **Mi cumpleaños es el 1 de febrero** (*Februar*).

¿Cuándo es su cumpleaños? Schreiben Sie auf, wann Sie Geburtstag haben. In der Tabelle rechts finden Sie die Monate auf Spanisch.

____

enero	**julio**
febrero	**agosto**
marzo	**septiembre**
abril	**octubre**
mayo	**noviembre**
junio	**diciembre**

4 TR 02

Wissen Sie im welchem Monat die Ereignisse stattfinden? Hören Sie sich die Sätze an und ergänzen Sie die Lücken.

1. El día de los Reyes Magos es el 6 de ________________.
2. Normalmente Andalucía celebra la Semana Santa en ________________.
3. El mes de ________________ tiene normalmente 28 días.
4. Las fiestas de San Fermín en Pamplona empiezan el 7 de ________________.
5. Las Fallas de Valencia son en el mes de ________________.
6. La fiesta del Pilar en Zaragoza es el 12 de ________________.
7. La Navidad se celebra en el mes de ________________.

5 TR 03

§ 10

Hier finden Sie einige neue Zeitadverbien: **hoy** (*heute*), **mañana** (*morgen*), **pasado mañana** (*übermorgen*), **todavía** (*noch*), **pronto** (*bald*).
Beantworten Sie die Fragen, indem Sie die richtige Antwort ankreuzen. Danach können Sie sich die Fragen und die richtigen Antworten anhören.

1. ¿Cuántos años tiene Carmen?
   - ☐ a. Pronto, en abril.
   - ☐ b. Todavía tiene 82 años.
   - ☐ c. Pasado mañana.

2. ¿Cuándo es tu cumpleaños, Alberto?
   - ☐ a. Pasado mañana, el 4 de junio.
   - ☐ b. Una vez a la semana.
   - ☐ c. En 1954.

3. ¿Cuándo es Navidad?
   - ☐ a. Es hoy, en agosto.
   - ☐ b. En diciembre, muy pronto.
   - ☐ c. Siempre.

4. ¿Cuándo celebras (*feierst*) tu cumpleaños?
   - ☐ a. El viernes próximo, pasado mañana.
   - ☐ b. Sí, en febrero del próximo año.
   - ☐ c. Todos los días.

6

§ 18

Die Freunde von Lola in Berlin möchten sie mit einer Geburtstagsparty (**fiesta de cumpleaños**) überraschen. Wer wird was machen? Schreiben Sie die fehlende Form von **ir a** + die passende Infinitivform in die Lücken.

futuro inmediato (nahe Zukunft)

ir + a + infinitivo

Voy a comer enseguida.

Ich werde (gleich) essen.

1. Ana ______________________ la felicitación.
2. Javier y Tea ______________________ el regalo (*Geschenk*).
3. Sus amigos españoles no ______________________ en la fiesta.
4. La madre de Lola ______________________ por teléfono.
5. Yo ______________________ una tarta de cumpleaños.
6. Todos sus compañeros ______________________ a la fiesta.
7. Lola ______________________ una sorpresa muy grande.

a. hacer b. comprar c. ir d. llamar e. tener f. escribir g. estar

7 2 TR04

Bilden Sie jetzt die passenden Fragen zu den Aussagen in der Übung 6. Danach können Sie sie mit der Aufnahme vergleichen.

1. ______________________
2. ______________________
3. ______________________
4. ______________________
5. ______________________
6. ______________________
7. ______________________

Wortschatz

tener un plan – etwas vorhaben
la excursión – der Ausflug
proponer – vorschlagen
el pueblo – das Dorf
la actividad – *hier:* die Beschäftigung
el deporte – der Sport
el senderismo – das Wandern
el piragüismo – der Kanusport
escalar – klettern
la afición – das Hobby
el miedo – die Angst
la altura – die Höhe
parecer bien – einverstanden sein
necesitar – brauchen, benötigen

8 

TR 05

Alberto möchte einen Ausflug am Wochenende (**fin de semana**) unternehmen. Hören Sie sich den Dialog zwischen Berta und ihm mehrmals an und beantworten Sie im Anschluss die Fragen.

1. ¿Qué van a hacer Berta y Luis el fin de semana?
   (*Was haben Berta und Luis am Wochenende vor?*)

   ____

2. ¿Qué se puede hacer en Beceite, el pueblo cerca de Teruel?
   (*Was kann man in Beceite, dem Dorf in der Nähe Teruels, machen?*)

   ____

9 2 TR 06

Hören Sie sich die folgenden Freizeitaktivitäten an. Können Sie die Bedeutung mit Hilfe der Fotos erraten? Schreiben Sie dann die Buchstaben in die Kästchen auf den entsprechenden Bildern.

1

2

3

4

5
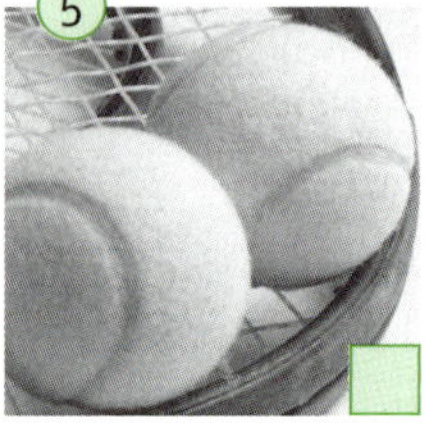
6

a. jugar al tenis b. viajar c. ir a nadar d. bucear e. ir a bailar f. ir al cine

10

Die Fragen und deren Antworten sind durcheinander geraten. Ordnen Sie sie zu.

1. ¿Sabes bucear?
2. ¿Te gusta escalar?
3. ¿Qué hacemos este fin de semana?
4. ¿Cuáles son vuestras aficiones?

a. ¡Qué horror! Le tengo miedo a las alturas.
b. Nos gusta nadar y hacer senderismo.
c. Vamos a hacer una excursión.
d. No, no sé bucear, pero me gustaría aprender.

11 TR07

Im Dialog haben Sie Wörter wie **bastante** (*ziemlich*), **muy/ mucho** (*viel*) und **un poco** (*ein wenig*) gehört, die der graduellen Abstufung einer Aussage dienen.
Bilden Sie mit den folgenden Wörtern Sätze, danach können Sie sie mit der Aufnahme vergleichen.

§ 6

1. ser – Beceite – pueblo – bonito – muy

____

2. bastante – ciudad – no – tener – naturaleza

____

3. a – tener – yo – miedo – un poco – alturas – de

____

4. gustar – deporte – mucho – nos – hacer

____

12

Die spanischen Formen hier rechts entsprechen auf Deutsch der Form ‚ich möchte + Infinitiv' und werden verwendet, um Wünsche zu äußern. Beantworten Sie die Fragen, die Wörter unten können Ihnen dabei helfen. Im Anhang finden Sie eine Musterlösung.

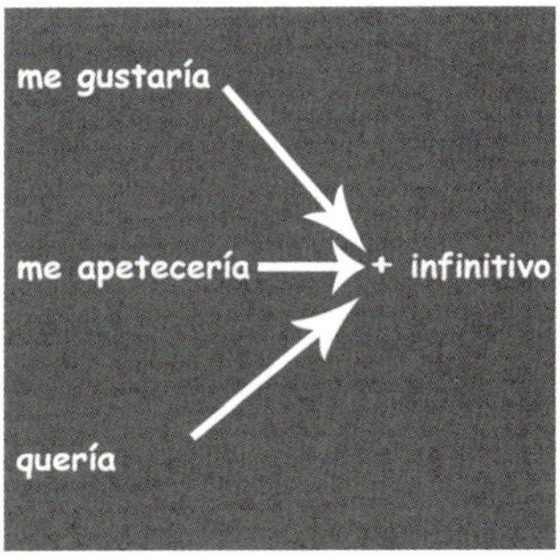

1. ¿Qué le gustaría hacer este fin de semana a usted?

____

2. ¿Dónde le apetecería viajar a usted?

____

3. ¿Qué deporte quería practicar usted?

____

excursión	salir a cenar	ir al cine	a España	a México
a Suramérica	senderismo	tenis	bucear	

13 2 TR08

Das spanische Wort **piragüismo** wird mit einem **ü** geschrieben, das wie ein gewöhnliches **u** ausgesprochen wird. Die Pünktchen, auf Spanisch **la diéresis** genannt, werden nur verwendet, um zu signalisieren, dass nach dem **g** das **u** ausgesprochen wird, im Gegensatz zu **guitarra**, zum Beispiel. Lesen Sie zuerst die folgenden Wörter laut und vergleichen Sie dann Ihre Aussprache mit der Aufnahme.

piragüismo   lingüista (*Sprachwissenschaftler*)   bilingüismo (*Zweisprachigkeit*)
antigüedad (*Antiquität*)   paragüero (*Schirmständer*)   cigüeña (*Storch*)

14 2 TR09

Müssen die folgenden Wörter mit **diéresis** geschrieben werden? Hören Sie zuerst die Aufnahme und tragen Sie dann die Pünktchen ein, wo es nötig ist.

1. pinguino	2. portugués	3. águila (*Adler*)
4. verguenza (*Scham*)	5. unguento (*Salbe*)	6. guerrilla
7. ceguera (*Blindheit*)	8. ambiguedad (*Doppeldeutigkeit*)	9. ambiguo (*doppeldeutig*)

15

Lesen Sie einen Ausschnitt aus diesem Ihnen bereits bekannten Dialog. Wählen Sie Track 5, wenn Sie den gesamten Dialog nochmal hören möchten.

Alberto: Oye, Berta, ¿qué vais a hacer tú y Luis este fin de semana?
Berta: No sé, no tenemos ningún plan todavía. ¿Por qué no hacemos una excursión?
Alberto: Eso quería proponer yo. ¿Os gustaría ir a Beceite? Es un pueblo cerca de Teruel donde se pueden hacer muchas actividades y deportes como escalada, senderismo, piragüismo... Además es muy bonito.
Berta: ¿Tú sabes escalar?
Alberto: Bueno... un poco. Me gusta la naturaleza y mi afición son los deportes.
Berta: Pues yo le tengo miedo a las alturas...
Alberto: ¡No importa!, podemos montar en bicicleta o hacer senderismo.

2 TR10

Übernehmen Sie jetzt die Rolle von Berta! Die Aufnahme wird nur die Sätze Albertos wiedergeben und Ihnen Zeit lassen, damit Sie die Sätze von Berta sprechen können.

Wortschatz

el pantalón – die Hose
la talla – die Größe
depender de – abhängen von
el corte – der Schnitt
el color – die Farbe
azul – blau
negro/a – schwarz
probar – *hier:* anprobieren
el probador – die Umkleidekabine
ancho/a – *hier:* weit
quedar bien – gut stehen
el jersey – der Pullover
blanco/a – weiß
estrecho/a – eng
pagar en efectivo – bar zahlen
con tarjeta – mit Karte

1 2 TR 11

María Luisa va de compras (*María Luisa geht einkaufen*). Hören Sie sich den folgenden Dialog mehrmals an. Danach können Sie die richtigen Antworten auf die Fragen wählen.

1. ¿Qué quiere comprar María Luisa?
   - a. Naranjas.
   - b. Un pantalón.
   - c. Nada.

2. ¿De qué color es el pantalón que se prueba?
   - a. Es blanco.
   - b. Es estrecho.
   - c. Es negro.

3. ¿Cuánto cuesta el pantalón?
   - a. Es ancho.
   - b. 55 euros.
   - c. 75 euros.

4. ¿Cómo paga María Luisa?
   - a. Con tarjeta.
   - b. Cuesta 65 euros.
   - c. En efectivo.

2 TR 12

Es ist Winterschlussverkauf (**rebajas de invierno**). Hören Sie sich die spanischen Bezeichnungen für die Kleidungsstücke an. Können Sie die Übersetzungen mit Hilfe des Bildes erraten? Schreiben Sie die Zahlen in die entsprechenden Kästchen.

☐ a. los zapatos	☐ b. la falda	☐ c. el pantalón	☐ d. la chaqueta
☐ e. la blusa	☐ f. el abrigo	☐ g. el cinturón	☐ h. el bolso
☐ i. los tejanos	☐ j. el jersey		

3

Ordnen Sie den spanischen Sätzen links die Übersetzungen rechts zu.

1. Los tejanos son normalmente azules.
2. La falda blanca me queda demasiado ancha.
3. La blusa roja y los pantalones marrones son demasiado pequeños.
4. Necesito un vestido verde o amarillo.
5. Prefiero los zapatos marrones a los negros.

a. Ich brauche ein grünes oder gelbes Kleid.

b. Eine Jeanshose ist normalerweise blau.

c. Mir sind braune Schuhe lieber als schwarze.

d. Der weiße Rock ist mir zu weit.

e. Die rote Bluse und die braune Hose sind viel zu klein.

4

Sie haben bereits einige spanische Bezeichnungen für die Farben kennen gelernt. Kreuzen Sie jetzt die richtige Antwort an.

1. Esta falda es amarilla como...
   - a. el limón.
   - b. la naranja.
   - c. el tomate.

2. Este pantalón es negro como...
   - a. una fresa (*Erdbeere*).
   - b. el cielo (*der Himmel*).
   - c. la noche.

3. Esta chaqueta es verde como...
   - a. el tomate.
   - b. una manzana.
   - c. la leche.

4. Este abrigo de piel (*Leder*) es marrón como...
   - a. el chocolate.
   - b. el limón.
   - c. la sal.

5. Esta blusa es azul como...
   - a. una patata.
   - b. el cielo.
   - c. la leche.

6. Este bolso es de piel blanca como...
   - a. la leche.
   - b. la naranja.
   - c. la fresa.

5 2 TR 13

§ 29

Schreiben Sie das passende Wort in die Lücken. Danach können Sie Ihre Antworten mit der Aufnahme vergleichen.

1. La falda te ________________ demasiado ancha.
2. El pantalón es demasiado pequeño, me queda ________________.
3. ¿Qué ________________ de pantalón tiene usted?
4. Me gusta mucho el ________________ de esta chaqueta, es elegante.
5. ¿Dónde está el ________________?, quería probarme este jersey.
6. ¿Paga en ________________? –No, con ________________.

a. corte b. tarjeta c. estrecho d. probador
e. efectivo f. queda g. talla

¿Quiere **el pantalón**? → Sí, **lo** quiero.

¿Quiere **las botas**? → No, no **las** quiero.

ABER

¿**Le** queda bien el pantalón **a ella**?

-Sí, **le** queda bien (el pantalón).

¿Crees que **me** queda bien la falda **a mí**?

-Sí, **te** queda bien (la falda).

6

2 TR 14

§ 29

Sehen Sie sich das Bild oben an und lesen Sie das Kapitel über die direkten und indirekten Objektpronomen im Anhang. Vervollständigen Sie dann die Sätze und vergleichen Sie Ihre Antworten mit der Aufnahme.

1. *Eva*: Mire, necesito **un pantalón**.
   Verkäuferin: ¿Cómo __________ quiere?
2. *Eva*: ¿Tiene este **jersey** en otro color?
   Verkäuferin: Sí, __________ tengo en rojo y en verde.
3. *Eva*: ¿Cómo __________ queda la falda?
   Verkäuferin: **Le** queda muy bien.
4. *Eva*: ¿Me puede traer **una talla** más pequeña?
   Verkäuferin: Sí claro, se __________ traigo enseguida.
5. *Eva*: ¿Me puedo probar **estas botas**?
   Verkäuferin: Sí, claro, puede probárse__________.
6. *Eva*: Señora, ¿**me** puedo probar este jersey?
   Verkäuferin: Sí, claro que __________ lo puede probar.

Wortschatz

acompañar – begleiten
tener que – müssen, sollen
aunque – obwohl
estar de suerte – Glück haben
el mercadillo – der Flohmarkt
(de) segunda mano – secondhand, gebraucht
mejor – besser
algo peligroso – etwas gefährlich
el centro comercial – das Einkaufszentrum
estar abierto – geöffnet haben
en tu lugar – an deiner Stelle
cansarse – müde werden, etwas überdrüssig werden

7

Sofie kennt sich in der Stadt nicht gut aus und will bummeln gehen. Pedro schreibt ihr eine E-Mail (**el email**), um ihr ein Paar Ratschläge zu geben. Lesen Sie den Text mehrmals.

¿Qué tal estás, Sofie?

Siento no poder acompañarte hoy, tengo que trabajar aunque es fin de semana. Pero estás de suerte, hoy domingo hay un mercadillo en el Barrio Viejo, tendrías que ir. Allí puedes encontrar ropa de segunda mano y, sobre todo, libros. Es mejor que vayas por la mañana, por la tarde creo que es algo peligroso. Además, lo mejor es que las tiendas y los centros comerciales están hoy también abiertos hasta las 6 de la tarde, es tiempo de rebajas. ¡Yo en tu lugar compraría hasta cansarme!

Besos y hasta pronto,
Pedro

2 TR 15

Können Sie jetzt die folgenden Sätze vervollständigen? Wenn Sie Schwierigkeiten haben, hören Sie sich die Aufnahme an.

1. Pedro ________________ que trabajar el fin de semana.
2. Es algo ________________ ir al mercadillo por la tarde.
3. Lo ________________ es que las tiendas están abiertas en domingo.
4. Pedro, ________ ________ ________________, compraría hasta cansarse.

8

2 TR 16

Was man so alles auf einem Flohmarkt finden kann! Hören Sie sich die spanischen Bezeichnungen für die Objekte an und tragen Sie die entsprechenden Buchstaben in die Kästchen ein.

1

2

3

4

5

6

a. herramientas b. ropa usada c. antigüedades
d. bisutería e. libros f. cedés y discos

9

§ 30

Vervollständigen Sie die Sätze mit dem passenden Pronomen für das indirekte Objekt. Bei Bedarf können Sie das Grammatikkapitel im Anhang lesen.

yo	→ me
tú	→ te
él/ ella	→ su
nosotros/as	→ nos
vosotros/as	→ os
ellos/as	→ les

1. A mí ___me___ gusta ir a comprar a los mercadillos.
2. A vosotras __________ gusta ir de compras.
3. A él __________ gustan las antigüedades.
4. A ellos __________ gusta la ropa usada.
5. A ti __________ gusta comprar muchos libros.
6. A nosotros __________ gusta comprar música en el mercadillo.

10 2 TR 17

Wenn man einen Ratschlag geben will, sagt man:

- **tendría(s) que...**

z.B. **Tendría (Ud.)/ tendrías que ir al mercadillo.**
Sie sollten / Du solltest zum Flohmarkt gehen.

- **es mejor...**

z.B. **Es mejor ir al mercadillo por la mañana.**
Es ist besser, morgens zum Flohmarkt zu gehen.

- **yo en tu/ su lugar...**

z.B. **Yo en tu/ su lugar iría al mercadillo.**
An deiner/ Ihrer Stelle würde ich zum Flohmarkt gehen.

- **es importante...**

z.B. **Es importante leer mucho.**
Es ist wichtig, viel zu lesen.

Bilden Sie jetzt Ratschläge mit den folgenden Wörtern. Danach können Sie sie mit der Aufnahme vergleichen.

1. noche – importante – cada – dormir – ocho – al menos (*zumindest*) – horas – es

____

2. por – mañana – la – es – ducharse – mejor

____

3. que – tendría – comer – usted – fruta – más

____

4. lugar – yo – tu – deporte – haría – más – en

____

11 TR 18

Am Wortanfang und nach **l** und **n** wird das **r** stark gerollt, ebenso wie das **rr** zwischen Vokalen. Lesen Sie die folgenden Wörter auf Spanisch laut, hören Sie danach die Aufnahme und vergleichen Sie ihre Aussprache.

rojo recepcionista Rodríguez rueda (*Rad*) ratón (*Maus*)
perro herramienta guerra guitarra barrio
alrededor (*ringsherum*) enrojecer (*erröten*) enriquecer (*bereichern*)

12 TR 19

Zwischen Vokalen, am Ende des Wortes und nach einem Konsonanten, außer **l** und **n**, wird das **r** ohne Ausnahme etwas weicher gesprochen. Lesen Sie die folgenden Wörter auf Spanisch laut, hören Sie danach die Aufnahme und vergleichen Sie ihre Aussprache.

cruce tarde desayunar María brazo (*Arm*) beber Madrid
francés mercadillo pero supermercado vivir gracias

13

Achtung! Manche Wörter haben wegen eines **r** vollkommen unterschiedliche Bedeutungen. Lesen Sie die folgenden Wörter laut und verbinden Sie sie mit der richtigen Übersetzung.

1. pero	a. Weinstock
2. para	b. für
3. parra	c. Hund
4. perro	d. aber

Wortschatz

la consulta del doctor – die Arztpraxis
el dolor – der Schmerz, die Beschwerde
el estómago – der Magen
dar hora – einen Termin geben
la hora de consulta – die Sprechstunde
vomitar – sich erbrechen
la fiebre – das Fieber
la diarrea – der Durchfall
acostarse – *hier:* sich hinlegen
relajarse – sich entspannen
la indigestión – die Verdauungsstörung
la manzanilla – der Kamillentee
ligero/a – leicht
recetar – verordnen

1 TR 20

Pablo hat Bauchschmerzen und möchte gleich heute Abend einen Termin beim Arzt haben.
Hören Sie sich den Dialog mehrmals an.

Wenn man sich nicht wohl fühlt, sagt man:

- **Me encuentro (muy) mal.** – *Ich fühle mich (sehr) schlecht.*
- **Tengo dolor de estómago, de cabeza, de muelas...** – *Ich habe Bauch-, Kopf-, Zahnschmerzen ...*
- **He vomitado, tengo fiebre y estornudo.** – *Ich habe mich erbrochen, habe Fieber und niese.*
- **Estoy mareado/a.** – *Mir ist schwindlig.*

Der Arzt fragt den Patienten ...:

- **¿Qué le pasa?/ ¿Cómo se encuentra?** – *Was führt Sie zu mir?/ Wie fühlen Sie sich?*
- **¿Qué le duele?/ ¿Le duele aquí?** – *Welche Beschwerden haben Sie?/ Tut es Ihnen hier weh?*
- **¿Tiene fiebre o diarrea?/ ¿Tiene tos?** – *Haben Sie Fieber oder Durchfall?/ Husten Sie?*

... und sagt:

- **Quítese la camisa, relájese y acuéstese.** – *Ziehen Sie das Hemd aus, entspannen Sie sich und legen Sie sich hin.*
- **Es solo una indigestión, una gripe, un catarro...** – *Es ist nur eine Verdauungsstörung, eine Grippe, eine Erkältung ...*
- **No coma hoy grasas. / Beba mucho líquido.** – *Essen Sie heute nichts Fettiges./ Nehmen Sie viel Flüssigkeit zu sich.*
- **Guarde cama dos días./ Guarde reposo.** – *Bleiben Sie zwei Tage im Bett./ Ruhen Sie sich aus.*
- **Le receto...** – *Ich verschreibe Ihnen ...*

2 TR 21

Hören Sie sich die Körperteile auf Spanisch an. Schreiben Sie die Zahlen der Körperteile in die entsprechenden Kästchen und sprechen Sie sie nach.

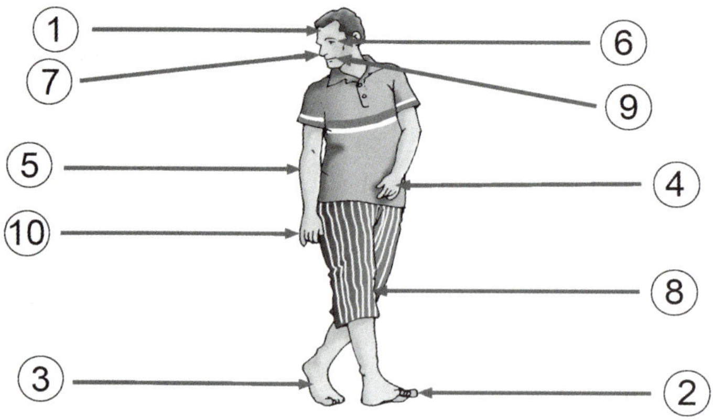

- ☐ a. la nariz
- ☐ b. el brazo
- ☐ c. la cabeza
- ☐ d. los dedos del pie
- ☐ e. los ojos
- ☐ f. la pierna
- ☐ g. la mano
- ☐ h. el pie
- ☐ i. los dedos de la mano
- ☐ j. la boca

3 TR 22

Hören Sie sich einige Aussagen an. Über welche Körperteile wird gesprochen? Kreuzen Sie die richtige Antwort an.

1.
- ☐ a. la cabeza
- ☐ b. el ojo
- ☐ c. la rodilla (*Knie*)

2.
- ☐ a. el brazo
- ☐ b. la espalda (*Rücken*)
- ☐ c. el dedo

3.
- ☐ a. el oído (*Ohr*)
- ☐ b. la pierna
- ☐ c. la nariz

4.
- ☐ a. la mano
- ☐ b. la muñeca (*Handgelenk*)
- ☐ c. los ojos

5.
- ☐ a. la boca
- ☐ b. las muelas
- ☐ c. los dedos del pie

6.
- ☐ a. el codo (*Ellbogen*)
- ☐ b. la cabeza
- ☐ c. la pierna

4 TR 23

Was raten Sie den einzelnen Personen aufgrund ihrer Beschwerden zu tun? Ordnen Sie den Beschwerden auf der linken Seite die Ratschläge auf der rechten Seite zu. Danach können Sie sich die Aufnahme anhören und Ihre Antworten vergleichen.

1. Tengo dolor de cabeza.
2. Tengo tos y fiebre.
3. Mi hermana tiene dolor de muelas.
4. Tengo dolor de estómago y diarrea.
5. Estoy mareado/a.

a. Es solo un catarro, lo mejor es guardar cama.
b. Tiene que ir al dentista (*Zahnarzt*).
c. Lo mejor es no comer grasas y beber mucho líquido.
d. Tienes que relajarte y acostarte.
e. Aquí tienes un analgésico (*Schmerzmittel*).

5

Bilden Sie jetzt passende Sätze zu jedem Bild und schlagen Sie eine Lösung vor, z.B. **María Luisa tiene gripe, tiene que guardar cama/ lo mejor es guardar cama.** Im Anhang finden Sie eine Musterlösung.

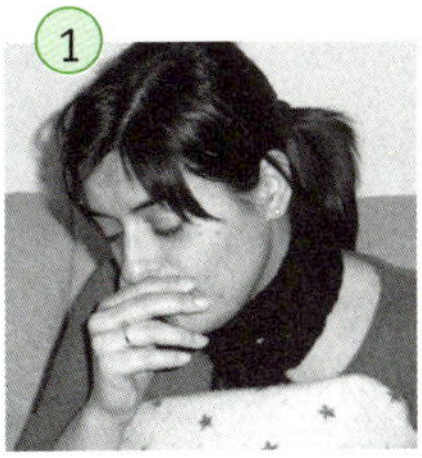
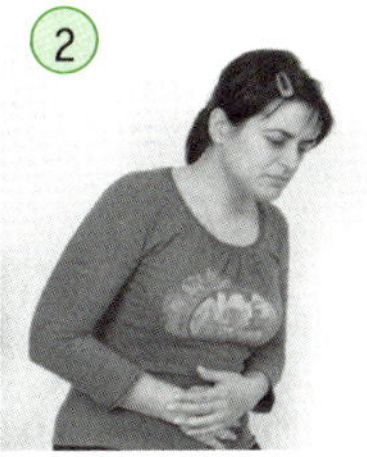
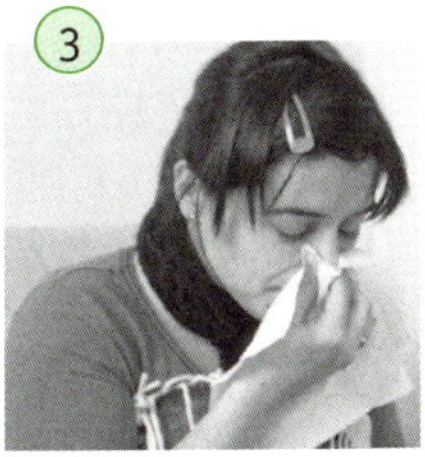
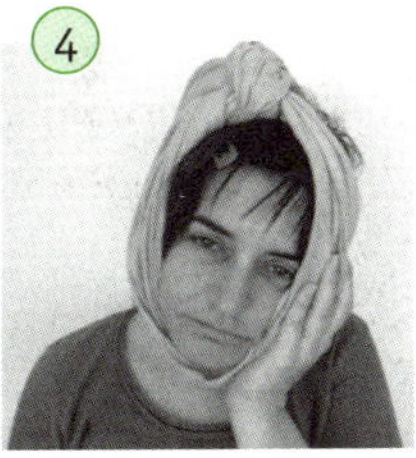

1. ______________________________
2. ______________________________
3. ______________________________
4. ______________________________

6 TR 24

§ 25

Beba und **relájese** sind Befehlsformen (**imperativos**). **No coma** ist die Negation der Befehlsform (**imperativo negativo**). Sehen Sie sich die folgende Tabelle an und ergänzen Sie im Anschluss die Sätze. Wenn Sie Schwierigkeiten haben, können Sie sich die Aufnahme anhören.

	toma	comer	vivir	relajarse (-ar)	imperativo negativo
tú	tom**a**	com**e**	viv**e**	relájate	**no** com**as**
Ud.	tom**e**	com**a**	viv**a**	relájese	**no** com**a**
vos.	tom**ad**	com**ed**	viv**id**	relajaos	**no** com**áis**
Uds.	tom**en**	com**an**	viv**an**	relájense	**no** com**an**

1. _______________ mucha verdura. (comer, Ud.)
2. ¿Estás mareada? _______________ y _______________. (relajarse, acostarse, tú)
3. Tenemos dolor de estómago. –_______________ grasas y _______________ mucho líquido. (no comer, tomar, vosotros)
4. Me duelen las muelas. –_______________ al dentista y _______________ bebidas frías. (visitar-*besuchen*, no beber, tú)
5. Estamos cansados. –_______________ en su cama y _______________. (acostarse, no leer, Uds.)
6. Me duele la cabeza. –_______________ un anagésico. (Tomarse, tú)
7. No sabemos qué hacer en la vida (Leben). –¿Cómo que no? ¡ _______________! (vivir, vosotros)
8. _______________ y vamos de compras. (relajarse, tú)
9. _______________ tanto vino, no es bueno. (no beber, Uds.)
10. _______________ los pantalones y _______________ éstos. (quitarse, probarse, tú)

Wortschatz

llover – regnen
débilmente – schwach (*Adverb*)
la costa atlántica – die Atlantikküste
el peligro – die Gefahr
la nevada – der Schneefall
en cotas altas – in Hochlagen
la comunidad – die (autonome) Region
el cielo – der Himmel
ligeramente nublado – leicht bewölkt
el viento – der Wind
soplar – *hier:* wehen
ceder – nachlassen
la temperatura máxima – die Höchsttemperatur
el intervalo nuboso – zwischenzeitlich bewölkt
soleado/a – sonnig

7

Lesen Sie den Wetterbericht (**la previsión del tiempo**) und entscheiden Sie im Anschluss, ob die Aussagen **verdaderas** oder **falsas** sind.

Lloverá débilmente sobre la costa atlántica. Hay peligro de nevadas en las cotas altas de los Pirineos. En las comunidades del centro y en Cataluña los cielos estarán nublados o ligeramente nublados. Los vientos soplarán fuertemente del este, con más fuerza en la costa mediterránea. Si el viento cede, subirán las temperaturas máximas. En la zona de las Baleares habrá intervalos nubosos. En Andalucía el cielo estará soleado.

	verdadera	falsa
1. No lloverá sobre la costa atlántica.		
2. Hay peligro de nevadas en los Pirineos.		
3. En el centro de España el cielo estará nuboso.		
4. Los vientos soplan del oeste (*West*) al este (*Ost*).		
5. En Andalucía lloverá.		

8 TR 25

Wenn man nach dem Wetter (**el tiempo**) und der Temperatur (**la temperatura**) fragt, sagt man:
¿Qué tiempo hace hoy? – *Wie ist das Wetter heute?*

Hören Sie sich die Wetterbedingungen an. Schreiben Sie die Buchstaben in die entsprechenden Kästchen auf den Bildern.

a. está nublado	b. hace frío	c. hace mucho calor	d. llueve mucho
e. nieva fuertemente	f. hace viento	g. hay niebla	h. está muy soleado

9 TR 26

§ 9

Wörter wie **fuertemente** und **débilmente** bestimmen eine Aussage näher, sie sind Adverbien. Solche **adverbios** werden durch Anhängen von **-mente** an die weibliche Form des Adjektivs gebildet:

Ergänzen Sie die Sätze mit der richtigen Form des Adverbs. Wenn Sie Schwierigkeiten haben, hören Sie sich zuerst die Aufnahme an.

1. Hoy el viento sopla ________________. (fuerte)
2. Creo que va a llover ________________, no voy a coger el paraguas (*Regenschirm*). (débil)
3. El tren va ________________ porque hay nieve. (lento)
4. Las temperaturas ceden ________________. (ligero)

10

§ 19

Lloverá, **soplará**, **nevará**, **comerá** sind Zukunftsformen (**el futuro**). Lesen Sie das Kapitel über das Futur im Anhang und ergänzen Sie anschließend die folgende Tabelle.

	soplar	**comer**	**vivir**
yo			viv**iré**
tú	sopla**rás**		
él/ Ud.		come**rá**	
nosotros	sopla**remos**		
vosotros			viv**iréis**
ellos/ Ud.		come**rán**	

11 2 TR 27

So werden Bedingungssätze im Spanischen gebildet: der Nebensatz wird durch **si** (*wenn*) eingeleitet und drückt die Bedingung (**la condición**) aus, deren Folge im Hauptsatz steht.

- **si** + Gegenwart + Gegenwart: **Si llueve, vamos al cine.** *(Wenn es regnet, gehen wir ins Kino.)*
- **si +** Gegenwart + Befehlsform: **Si hace sol, llámame.** *(Ruf mich an, wenn die Sonne scheint.)*
- **si +** Gegenwart + Futur: **Si el viento cede, subirán las temperaturas.** *(Wenn der Wind nachlässt, werden die Temperaturen steigen.)*

Bilden sie Bedingungssätze mit Hilfe der Wörter in Klammern. Danach können Sie sich die Aufnahme anhören und Ihre Sätze damit vergleichen.

1. si hacer – tiempo – buen – ir *Futur* (nosotros) – compras

____

2. si llover – ir *Gegenwart* (yo) – teatro – al

____

3. si nevar – relajarse tú-*Befehlsform* – casa – en

____

12 TR 28

Im Spanischen werden die Buchstaben **b** und **v** gleich gesprochen, nämlich wie das *b* in ‚haben' oder ‚Bier'. Lesen Sie die folgenden Wörter laut, danach können Sie sich die Aufnahme anhören und überprüfen, ob Sie die Wörter richtig ausgesprochen haben.

vacaciones (*Ferien*) embarazo (*Schwangerschaft*) nublado verano (*Sommer*) viento fiebre boca niebla invierno (*Winter*) invadir (*erobern*)

13 TR 29

Steht das **b** oder das **v** jedoch zwischen zwei Vokalen, wird es etwas weicher ausgesprochen. Die Lippen werden dabei nicht ganz geschlossen. Hören Sie sich die Aufnahme aufmerksam an und achten Sie dabei auf die Aussprache von **b** und **v**.

beber aviso (*Warnung*) bobo (*dumm*) abierto abuelo ave (*Vogel*) primavera (*Frühling*) jarabe (*Hustensaft*) llover labio (*Lippe*) móvil (*Handy*)

14 TR 30

Hören Sie die Aufnahme und sprechen Sie die Wörter nach. Die Aufnahme wird Ihnen Zeit lassen, damit Sie sie nachsprechen können.

15

Lesen Sie einen Ausschnitt aus diesem Ihnen bereits bekannten Dialog laut vor und achten Sie dabei besonders auf die Aussprache von **b** und **v**. Wählen Sie Track 20, wenn Sie den gesamten Dialog nochmal hören möchten.

Pablo: Me siento muy mal, doctor.
Médico: Vamos a ver. ¿Qué le duele?
Pablo: Me duele el estómago. Esta mañana he vomitado.
Médico: ¿Tiene fiebre o diarrea?
Pablo: No, pero me siento muy mal. He comido en un restaurante y...
Médico: A ver... Quítese la camisa, por favor, y acuéstese allí. Relájese. ... ¿Le duele aquí?
Pablo: ¡Ay!
Médico: Es solo una indigestión. No coma nada hoy y tome manzanilla.

1 TR 31

Suchen Sie sieben Bezeichnungen für Farben in der Buchstabensuppe unten. Finden Sie sie nicht? Dann hilft Ihnen die Aufnahme.

R	O	J	O	F	R	A	N	C	B	L	N
A	P	A	V	E	R	D	E	J	A	L	A
M	N	P	E	B	L	U	Z	A	T	S	O
A	L	B	L	A	N	C	O	F	R	E	T
R	I	S	A	M	A	P	E	D	R	I	S
I	C	M	L	O	A	E	A	N	P	X	N
L	I	L	A	R	A	R	T	E	P	O	E
L	L	A	R	O	N	R	N	I	G	R	G
O	N	E	G	R	J	A	O	G	E	S	R
S	M	E	Z	L	A	L	T	N	P	E	O

2

Schreiben Sie die Namen der Kleidungsstücke in die Lücken. In jedes Kästchen kommt nur ein Buchstabe.

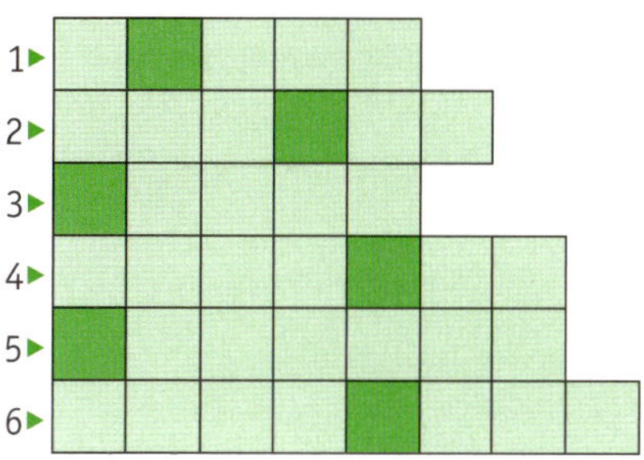

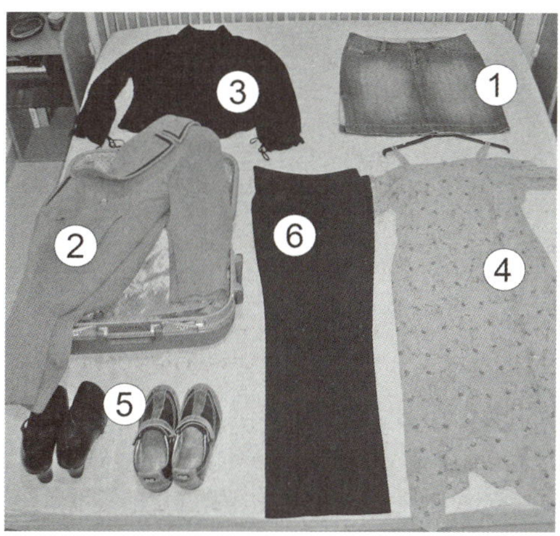

Schreiben Sie die Buchstaben in den hervorgehobenen Kästchen in die Lücken, so erfahren Sie, wohin María Luisa fliegt.

María Luisa vuela ___ _______________.

3

Schreiben Sie die Bezeichnungen der entsprechenden Körperteile auf Spanisch in die Kästchen.

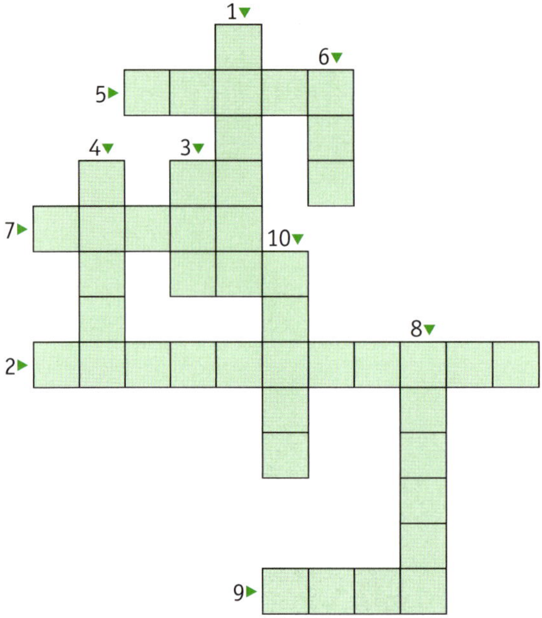

1. Kopf
2. Zehen
3. Fuß
4. Hand
5. Arm
6. Auge
7. Nase
8. Bein
9. Mund
10. Finger

4

Ordnen Sie den entsprechenden Bildern die Jahreszeiten (**las estaciones del año**) zu.

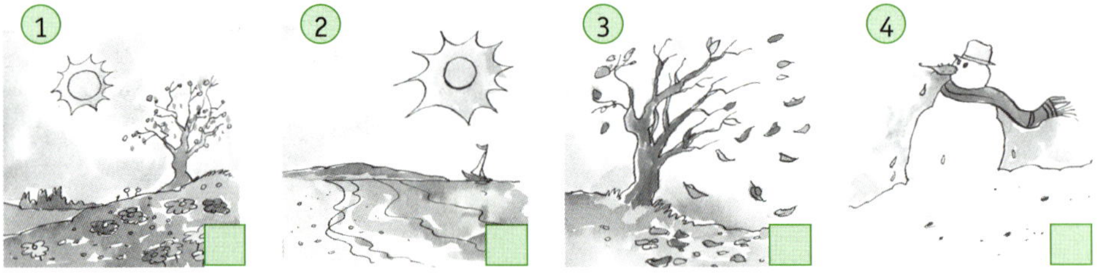

a. el verano b. el otoño c. la primavera d. el invierno

Kennen Sie schon die spanische Redensart über den Frühling?
La primavera, la sangre altera. (*Der Frühling versetzt das Blut in Unruhe.*)

Wortschatz

reservar – reservieren, buchen
la habitación doble – das Doppelzimmer
el desayuno – das Frühstück
el comedor – *hier*: der Speisesaal
la piscina – das Schwimmbad
la caja fuerte – der Safe
las cosas de valor – die Wertsachen
el equipaje – das Gepäck
la maleta – der Koffer
la recepción – die Rezeption
la ficha de inscripción – das Anmeldeformular
la llave – der Schlüssel

1 2 TR 32

Pablo und María sind auf Lanzarote angekommen und checken im Hotel ein. Hören Sie sich den Dialog mehrmals an und entscheiden Sie im Anschluss, ob die Aussagen **verdaderas** oder **falsas** sind.

	verdadera	falsa
1. Han reservado una habitación doble sin baño.		
2. Pablo y María tienen la habitación 25.		
3. El desayuno es de 7 a 10 de la mañana.		
4. El hotel no tiene piscina ni caja fuerte.		
5. Pablo tiene que rellenar una ficha de inscripción.		

2 TR 33

Wenn man ein Hotelzimmer reservieren will, kann man folgende Fragen stellen:

- **¿Tienen/ tendrían una habitación libre?** – *Haben Sie ein Zimmer frei?*
- **¿Está el desayuno/ el traslado incluido (en el precio)?** – *Ist das Frühstück/ der Transfer (im Preis) inbegriffen?*
- **¿Cuál es el precio por una semana de estancia en temporada alta/ baja?** – *Wie viel kostet eine Woche Aufenthalt in der Hochsaison/ Nebensaison?*

Bei der Zimmerreservierung können folgende Ausdrücke nützlich sein:

- **una habitación individual/ doble de uso individual** – *ein Einzelzimmer/ Doppelzimmer für eine Person*
- **una habitación doble con dos camas individuales/ con cama de matrimonio** – *ein Doppelzimmer mit zwei Einzelbetten/ mit einem Doppelbett*
- **con desayuno/ media pensión/ pensión completa** – *mit Frühstück/ Halbpension/ Vollpension*

Hören Sie sich die Aufnahme an.

3

Schicken Sie jetzt eine Reservierungsanfrage! Sie möchten in Begleitung ein Zimmer vom 10. bis zum 20. September im Hotel La Playa Azul auf Lanzarote reservieren. Sie haben Interesse an folgenden Informationen: ob noch Hochsaison ist; ob man Ihnen ein Doppelzimmer mit Doppelbett reservieren kann; wie viel das Zimmer mit Frühstück oder mit Halbpension kostet.
Eine Musterlösung finden Sie im Anhang.

Estimados señores:

Pienso pasar las vacaciones (Urlaub) en su Hotel La Playa Azul de Lanzarote, pero antes de reservar la habitación necesito alguna información.

4 TR34

§ 20

Im Dialog haben Sie die Form **hemos reservado** (*wir haben reserviert*) kennen gelernt. Es handelt sich um das Perfekt (**pretérito perfecto**). Dieses wird mit dem Hilfsverb **haber** + Partizip Perfekt des jeweiligen Verbs gebildet. Das Partizip Perfekt wird vom Infinitiv abgeleitet.

Pretérito Perfecto

yo	**he**		
tú	**has**		**tomado**
él/ Ud.	**ha**	**+**	**comido**
nos.	**hemos**		**vivido**
vos.	**habéis**		
ellos/ Uds.	**han**		

Schreiben Sie die Formen von **haber** in die Lücken und vergleichen Sie Ihre Antworten mit der Aufnahme.

1. Esta mañana ella ________ comprado pan.
2. Mañana nos vamos de viaje. Yo ________ reservado el hotel.
3. ¿ ________ llamado Ud. esta tarde?
4. Nosotros ____________ comido en este restaurante.
5. Vosotros ____________ hecho (*packen*) las maletas muy bien.

5

§ 21

Verben mit regelmäßigem Partizip Perfekt bilden ihr Partizip wie im oberen Schaubild dargestellt.
Bilden Sie jetzt die Partizipform der folgenden Verben und ergänzen Sie die Regel im Anschluss.

1. comer – ________________
2. desayunar – ________________
3. reservar – ________________
4. ir – ________________
5. subir – ________________
6. poder – ________________

Verben der 1. Konjugation ersetzen die Endung **-ar** mit ______________.

Verben der 2. und 3. Konjugation ersetzen die Endung **-er** bzw. **-ir** mit ______________.

6

Mit den Adverbien **ya** (*schon*), **todavía no** (*noch nicht*), **hoy** (*heute*), **este/a mañana/ tarde/ semana/ año** (*diesen Vormittag, diesen Nachmittag, diese Woche, dieses Jahr*), **últimamente** (*in letzter Zeit*), **muchas veces** (*oft*), **nunca** (*nie*), **alguna vez** (*manchmal*) etc. benutzt man das Perfekt.
Kreuzen Sie die Form an, die **nicht** zur Aussage passt.

1. ¿Has hecho ... las maletas?
   - a. todavía no
   - b. ya
   - c. hoy

2. ¿Habéis estado ... de vacaciones en España?
   - a. últimamente
   - b. este año
   - c. siempre (*immer*)

3. ... he viajado sin mi pasaporte.
   - a. El próximo año
   - b. Pocas veces
   - c. Nunca

4. ¿No habéis llamado ... al hotel?
   - a. todavía
   - b. tres veces
   - c. esta mañana

7

Felipe hat heute Morgen einen Zettel von Lucía gefunden, der seine Tagesplanung vollkommen verändert hat. Können Sie anhand des Beispielsatzes die restlichen Sätze mit **normalmente** und **hoy** bilden?

1. *Normalmente Felipe llama a Lucía, hoy le ha mandado un mail.*
2. ______________________
3. ______________________
4. ______________________

Wortschatz

conocer – kennen lernen
la noche – *hier*: das Nachtleben
por eso – deshalb
ponerse guapo/a – sich hübsch machen
lavar(se) – (sich) waschen
los dientes – die Zähne
secar(se) el pelo – das Haar föhnen
arreglarse – sich zurechtmachen
vestirse – sich kleiden
maquillarse – sich schminken
perfumarse – sich parfümieren
más o menos – ungefähr, mehr oder weniger
ir a buscar – abholen
pasarlo bien – sich amüsieren

8

Lesen Sie den Text und beantworten Sie die Fragen im Anschluss.

Carmen quiere salir a conocer la noche de Lanzarote con Pedro, por eso se pone guapa. Después de ducharse y lavarse los dientes, se ha lavado y se ha secado el pelo. Es muy importante para ella estar elegante, por eso se ha comprado un vestido nuevo en la tienda del hotel. Ahora se está arreglando: se vestirá y después seguirá maquillándose. Después de perfumarse serán las once más o menos, hora en la que Pedro irá a buscarla. ¡Seguro que lo pasan muy bien!

1. ¿Por qué se pone guapa Carmen?

____

2. ¿Qué se ha lavado y se ha arreglado Carmen?

____

3. ¿Por qué se ha comprado un vestido nuevo?

____

4. ¿A qué hora irá a buscarla Pedro?

____

9

Sehen Sie sich die Bilder an und kreuzen sie die passenden Antworten an.

1

- a. lavarse el pelo
- b. peinarse
- c. maquillarse

2
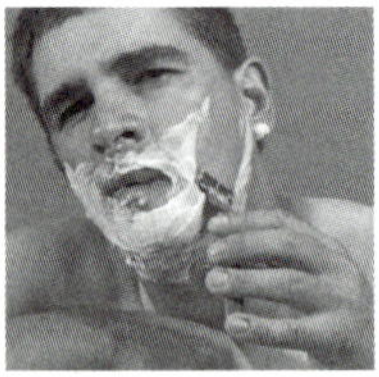

- a. afeitarse
- b. ducharse
- c. perfumarse

3

- a. lavarse los dientes
- b. secarse el pelo
- c. lavarse el pelo

4

- a. ducharse
- b. lavarse las manos
- c. bañarse (*baden*)

5
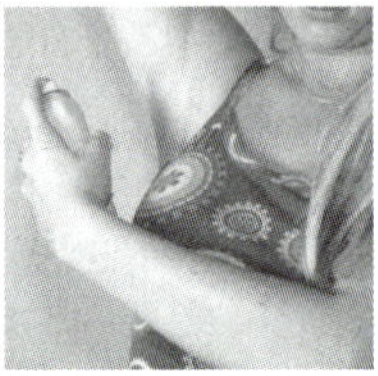

- a. echarse desodorante
- b. maquillarse
- c. perfumarse

6

- a. lavarse las manos
- b. lavarse los dientes
- c. lavarse el pelo

10

Schreiben Sie die richtigen Antworten auf die Linien.
Was sagen Sie auf Spanisch, wenn ...

1. ... Sie sich duschen und sich die Haare dabei waschen?

____

2. ... Sie sich Ihre Zähne täglich putzen?

____

3. ... sie sich schminkt und parfümiert?

____

4. ... er sich rasiert und Deo aufträgt?

____

11

§ 26

Wenn Sie gerade etwas tun, sollten Sie die Verlaufsform im Spanischen benutzen:
Ahora me estoy arreglando. – *Ich mache mich gerade zurecht.*

Die Verlaufsform wird mit dem Verb **estar** + Gerundium des jeweiligen Verbs gebildet. Das Gerundium wird gebildet durch anhängen von **-ando** an den Stamm der Verben, die auf **-ar** enden, und von **-iendo** an den Stamm der Verben die auf **-er** bzw. **-ir** enden.

yo	**estoy**		
tú	**estás**		tom**ando**
él/ Ud.	**está**	+	com**iendo**
nos.	**estamos**		viv**iendo**
vos.	**estáis**		
ellos/ Uds.	**están**		

Bilden Sie das Gerundium der folgenden Verben:

1. lavar – ______________
2. conocer – ______________
3. sufrir (*leiden*) – ______________
4. secar – ______________

Im Text der Übung 8 erscheint auch die Form **seguir** + Gerundium, sie bedeutet *fortfahren etw. zu tun*. Schlagen Sie das Grammatikkapitel über die Verlaufsform im Anhang nach, um mehr darüber zu erfahren.

12 2 TR 35

§ 31

Sehen Sie sich nochmals die Abbildungen von der Übung 9 an und beschreiben Sie, was **él** oder **ella** gerade macht. Achtung! Diese Verben sind reflexiv, vergessen Sie das Reflexivpronomen nicht. Danach können Sie sich die Aufnahme anhören und Ihre Antworten vergleichen.

1. *Ella* **se** *está peinando.*
2. ______________________________
3. ______________________________
4. ______________________________
5. ______________________________
6. ______________________________

13 TR 36

Im Spanischen bildet die Kombination von **c** und **h** einen eigenen Buchstaben **ch**, der dem deutschen Laut *tsch* in ‚**Tsch**echien' oder in ‚Pei**tsch**e' entspricht.
Lesen Sie die folgenden Wörter laut, danach können Sie sich die Aufnahme anhören und überprüfen, ob Sie die Wörter richtig ausgesprochen haben.

Chile chocolate (*Schokolade*) ancho coche
mucho chica ducharse ochenta y ocho
derecha echar charco (*Pfütze*) estrecho

14

Der Buchstabe **h** ist meistens stumm. Man spricht **hacer** wie **‚acer'** und **ahora** (*heutzutage, jetzt*) wie **‚aora'**. Lesen Sie die folgenden Wörter laut.

hijos historia ahorrar (*sparen*)
hermana alcohol almohada (*Kissen*)

TR 37

Eine Ausnahme bilden Wörter aus anderen Sprachen, die direkt ins Spanische übernommen wurden. Manchmal wird das **h** wie in ‚Höhle' ausgesprochen, manchmal wird es wiederum wie das spanische **j** ausgesprochen. Für solche Fremdwörter gibt es keine feste Regel.
Hören Sie die Aufnahme und sprechen Sie die Wörter nach. Die Aufnahme wird Ihnen Zeit lassen, damit Sie die Wörter nachsprechen können.

Hegel hanseático (*Hanse-*) hobby hockey harakiri

Wortschatz

el cambio climático – der Klimawandel
la tierra – die Erde
el hecho – die Tatsache
la protección – der Schutz
necesario/a – nötig, wichtig
la calidad de vida – die Lebensqualität
la contaminación – die Umweltverschmutzung
la extinción – das Aussterben
la planta – die Pflanze
el animal – das Tier
la deforestación – die Entwaldung
el bosque – der Wald
el incendio – der Brand, die Brandstiftung
la marea negra – die Ölpest
sufrir un accidente – einen Unfall haben
romper(se) – zerbrechen
hundir(se) – untergehen
el petróleo – das (Erd)öl
provocar – *hier*: auslösen
la desgracia – das Unglück
la consecuencia – die Folge
concienciarse – sensibilisiert werden
tomar medidas – Maßnahmen ergreifen
la basura – der Abfall

1

Auch in Spanien ist man zunehmend um die Natur (**la naturaleza**) und die Umwelt (**el medio ambiente**) besorgt. Lesen Sie den folgenden Artikel mehrmals.

El cambio climático global de la tierra es un hecho. La protección del medio ambiente es necesaria para la calidad de vida. Los principales problemas del medio ambiente en España son la contaminación, la extinción de plantas y animales y la deforestación de los bosques. Se dan continuas catástrofes ecológicas como los incendios en verano y las mareas negras. Todavía se recuerda la catástrofe del *Prestige* en las costas de Galicia. El 13 de novienbre de 2002, el barco *Prestige* sufrió un accidente frente a las costas gallegas, se rompió en dos partes y se hundió con más de 60.000 toneladas de petróleo es sus tanques, provocando mareas negras por toda la costa. Fue una gran desgracia y todavía hoy España está pagando las consecuencias. Por todas estas razones el país se está concienciando y se están tomando medidas. Ya se recicla la basura en todo el Estado.

2

Die folgenden Aussagen beziehen sich auf den vorigen Text. Entscheiden Sie, ob sie **verdaderas** oder **falsas** sind.

	verdadera	falsa
1. El cambio climático no es un problema para la tierra.		
2. La protección del medio ambiente es necesaria.		
3. Uno de los principales problemas en España es la contaminación.		
4. La deforestación es también un gran problema.		
5. En España nunca ha habido una marea negra.		
6. El *Prestige* sufrió un accidente en las costas de Cataluña.		
7. España no recicla basuras.		

3 2 TR 38

Sehen Sie sich die Abbildungen an und hören Sie die Bezeichnungen für folgende **animales** und **plantas**. Schreiben Sie die Buchstaben in die entsprechenden Kästchen.

1

2

3

4

5

6

7

8

a. el gato b. los caballos c. las flores d. el pájaro
e. el árbol f. el perro g. la oveja h. la palmera

4 TR39

Zunächst finden Sie einige Begriffe zum Umweltschutz. Ordnen Sie den spanischen Begriffen links die deutschen Übersetzungen rechts zu. Danach können Sie sich die Begriffe anhören.

1. el parque nacional	a. die Pfandflasche
2. la botella retornable	b. der Umweltschutz
3. la protección del medio ambiente	c. die Umwelt
4. el medio ambiente	d. der Naturschutzpark
5. la especie animal protegida	e. die Müllentsorgung
6. el reciclaje	f. das Recycling
7. la eliminación de basuras	g. die Mülltrennung
8. la especie vegetal protegida	h. die geschützte Tierart
9. la separación de basuras	i. die geschützte Pflanzenart

5

Die unpersönliche Form bildet man im Spanischen mit **se** + 3. Person Singular des Verbs:

- **En España se recicla la basura.** – *In Spanien wird der Müll wiederverwertet.*
- **Todavía se recuerda el accidente.** – *Man erinnert sich noch an den Unfall.*

Wird ein reflexives Verb unpersönlich gebraucht, benötigt man die Konstruktion **uno se**:

- **Uno se tiene que concienciar.** – *Man muss sensibilisiert werden.*

§ 34

Bilden Sie richtige Sätze mit den folgenden Wörtern. Benutzen Sie die unpersönliche Form.

1. deforestación – sufrir (hier: *erleiden*) – la – en país

____

2. preocuparse por (*sich Sorgen machen um*) – medio ambiente

____

3. medio ambiente – protección – importante – del – ser – que – repetir (*wiederholen*)

____

6

§ 22

Um über Ereignisse zu sprechen, die in der Vergangenheit zu einem bestimmten Zeitpunkt stattgefunden haben und abgeschlossen sind, benutzt man das **Indefinido**:
El 13 de noviembre de 2002 el barco *Prestige* sufrió un accidente.
Am 13. November 2002 hatte das Schiff Prestige *einen Unfall.*

	–ar	–er	–ir
yo	lleg**é**	com**í**	viv**í**
tú	lleg**aste**	com**iste**	viv**iste**
él/ Ud.	lleg**ó**	com**ió**	viv**ió**
nos.	lleg**amos**	com**imos**	viv**imos**
vos.	lleg**asteis**	com**isteis**	viv**isteis**
ellos/ Uds.	lleg**aron**	com**ieron**	viv**ieron**

Die Formen des **Indefinido** von **ser** und **ir** sind gleich: **fui**, **fuiste**, **fue**, **fuimos**, **fuisteis**, **fueron**.
Bilden Sie die richtige Form des **Indefinido** der folgenden Verben.

1. ella, sufrir – ______________
2. nosotros, reciclar – ______________
3. él, romperse – ______________
4. tú, provocar – ______________

7

2 TR 40

Das **Indefinido** wird häufig von genauen Zeitangaben wie **ayer**, **la semana pasada**, **el año pasado**, **hace dos meses** etc. begleitet. Ergänzen Sie die Sätze mit der richtigen Form des **Indefinido**. Danach vergleichen Sie Ihre Antworten mit der Aufnahme.

1. Ayer (ser) ______________ el día del medio ambiente. Luis (ir) ______________ al trabajo en autobús.
2. Por la tarde (comprar) ______________ verduras ecológicas en el mercado y (volver) ______________ a casa a las seis a pie.
3. Por la noche (preparar – *vorbereiten*) ______________ una ensalada y no (usar) ______________ energía (*Energie*).
4. Después de la cena (irse) ______________ a la cama temprano y (dormir) ______________.

Wortschatz

entrevistar a – jdn. interviewen
el investigador – der Forscher
el informe – der Bericht
la situación – *hier*: die Lage
durar – (an)dauern
la selva – der Regenwald
estudiar – *hier*: untersuchen
el laboratorio – das Labor
la impresión – der Eindruck
cierto/a – wahr
la tala – das Fällen
el gobierno – die Regierung
controlar – überwachen
las normativas (*Pl.*) – gesetzliche Regelungen
la conclusión – die Schlussfolgerung
conocido/a – bekannt
depender de – abhängen von
la población – die Bevölkerung
pobre – arm
la ayuda exterior – die ausländische Hilfe
mejorar – verbessern
duro – hart

8 2 TR 41

Hören Sie mehrmals das Interview mit dem Regenwaldforscher Hugo Torres an und beantworten Sie im Anschluss die Fragen.

1. ¿Cuánto duró el viaje del Sr. Torres?

____

2. ¿Cuáles son los dos grandes problemas de la Selva Amazónica?

____

3. ¿Por qué ha sufrido la selva cada vez más?

____

4. ¿Cuáles son los resultados conocidos ya del estudio?

____

5. ¿Qué se tiene que mejorar en la zona del Amazonas?

____

9 TR 42

Sehen Sie sich diese Landschaft an und hören Sie sich die Bezeichnungen der verschiedenen Bereiche an. Schreiben Sie dann die Zahlen in die entsprechenden Kästchen.

☐ a. el/ la mar (*die See*) ☐ b. el puerto (*Hafen*) ☐ c. el valle (*Tal*)
☐ d. las montañas (*Berge*) ☐ e. el río (*Fluss*)
☐ f. el bosque (*Wald*) ☐ g. la isla (*Insel*) ☐ h. el lago (*der See*)

10

Das Gebiet des Amazonas erstreckt sich unter anderem auf Kolumbien, Brasilien, Venezuela ... Außer in Brasilien wird in Lateinamerika hauptsächlich Spanisch gesprochen. Lernen Sie die Länder Lateinamerikas kennen, in denen Spanisch gesprochen wird. Sehen Sie sich die Karte an und lesen Sie die Ländernamen.

11

Unregelmäßige Verben haben im **Indefinido** einen unregelmäßigen Wortstamm. Die Endungen bleiben jedoch gleich. Merken Sie sich diese unregelmäßigen Stämme und ergänzen Sie die Lücken unten mit den Endungen des **Indefinido**.

estar	→	estuv-
tener	→	tuv-
saber (wissen)	→	sup-
poder (können)	→	pud-
querer	→	quis-
venir	→	vin-
hacer	→	hic-/ hiz-

§ 22

yo _–é/–í_, tú ________, él/ Ud. ________,

nos.________, vos. ________, ellos/ Uds. ________

12 TR 43

§ 23

Indefinido oder Perfekt? Schreiben Sie die passende Form der Vergangenheit für jeden Satz. Hören Sie danach die Aufnahme und vergleichen Sie Ihre Antworten.

1. Ayer ____________________ a mis padres. (he visitado – visité)
2. Este año ____________________ a Latinoamérica. (viajé – he viajado)
3. En 1969 el hombre ____________________ a la luna (*Mond*). (llegó – ha llegado)
4. Hoy por la mañana me ____________________ a las 6. (levanté – he levantado)
5. Hace dos meses ____________________ vacaciones. (tuve – he tenido)
6. Este mes ____________________ al bosque tres veces. (fui – he ido)

13

Verbinden Sie die Fragen mit der richtigen Antwort.

1. ¿Has comido hoy en casa de los abuelos?
2. ¿Trabajaste en agosto?
3. ¿Has hecho la compra (*Einkauf*)?
4. ¿Fuiste al médico ayer?
5. ¿Te despertaste hoy muy tarde?
6. ¿Has ido alguna vez al zoo?

a. No, estuve de vacaciones.
b. Sí, he comprado en el supermercado.
c. No, comí con Laura en su casa.
d. Sí, al doctor Martínez.
e. No, nunca he ido al zoo.
f. No, me levanté a las 7:00.

14 TR 44

Lesen Sie zuerst die folgenden Sätze und hören Sie sich danach die Aufnahme sehr aufmerksam an. Manchmal kann man im Spanischen die Fragesätze von den Aussagen nur durch die Intonation unterscheiden. Dies muss man üben.
La Amazonía está en peligro. – La Amazonía, ¿está en peligro?
No ha controlado las normativas. – ¿No ha controlado las normativas?

TR 45

Lesen Sie die folgenden Sätze sowohl als Frage als auch als Aussage. Hören Sie sich dann die Aufnahme an. Entscheiden Sie, ob die Sätze auf der CD als Frage oder als Aussage ausgesprochen werden, indem Sie die richtigen Satzzeichen einfügen.

1. __ La situación actual del medio ambiente es muy complicada __
2. __ Hay una solución para todos los problemas __
3. __ Llegó el *Prestige* a las costas de Galicia __
4. __ El Amazones está al norte de Latinoamérica __
5. __ El barco se rompió __

15 TR 46

Lesen Sie einen Ausschnitt aus diesem Ihnen bereits bekannten Dialog laut vor. Wählen Sie Track 41, wenn Sie den gesamten Dialog nochmal hören möchten. Übernehmen Sie dann die Rolle des Interviewers! Track 46 wird nur die Sätze Hugo Torres wiedergeben.

Sr. Torres: Bueno, estuve tres meses en la selva y el último mes estudié los datos en el laboratorio de Bogotá.
Entrevistador: ¿Cuáles fueron sus impresiones de la situación de la Selva Amazónica? ¿Es cierto que hay muchas zonas con grandes problemas medioambientales?
Sr. Torres: Sí, es cierto. Un gran problema es la tala de los árboles y otro gran problema es la extinción de especies protegidas.
Entrevistador: ¿Tienen estos problemas alguna solución?
Sr. Torres: Bueno, la situación es muy complicada, el gobierno no ha controlado hasta ahora las normativas y la selva ha sufrido cada vez más.

Wortschatz

en mis tiempos (*Pl.*) – zu meiner Zeit
cuando – *hier*: als
era (ser) – war (sein)
distinto/a – anders, unterschiedlich
(la) Internet – das Internet
el ordenador – der Computer
el móvil – das Handy
ni siquiera – nicht einmal
recordar – (sich) erinnern
sentarse – sich setzen
escuchar – (zu)hören
divertirse – sich amüsieren
reunirse – sich (ver)sammeln
riquísimo/a – sehr lecker
solo/a – *hier*: allein
hoy en día – heutzutage
el admirador – der Bewunderer
enamorarse – sich verlieben

1 2 TR 47

Doña Ana erinnert sich gern an die gute alte Zeit ihrer Jugend. Hören Sie sich mehrmals ihre Erinnerungen an und ordnen Sie im Anschluss den spanischen Sätzen die Übersetzungen zu.

1. Cuando era joven la vida era distinta.
2. Nos sentábamos alrededor de la radio.
3. A mí me gustaba bailar.
4. La familia se reunía y comíamos juntos.
5. Por la tarde me arreglaba.
6. Una mujer no podía salir sola.
7. Fue allí donde lo conocí.

a. Dort habe ich ihn kennen gelernt.
b. Als ich jung war, war das Leben anders.
c. Am Abend machte ich mich zurecht.
d. Wir saßen um das Radiogerät herum.
e. Eine Frau konnte nicht allein ausgehen.
f. Ich tanzte sehr gerne.
g. Meine Familie versammelte sich, und wir aßen zusammen.

2 TR 48

Sehen Sie sich die Gegenstände an und hören Sie sich die Bezeichnungen an. Schreiben Sie die Buchstaben in die entsprechenden Kästchen.

1

2

3

4

5
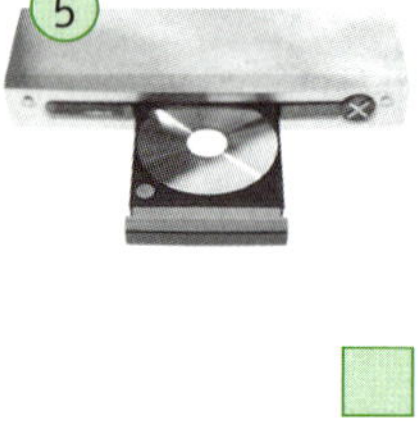

6
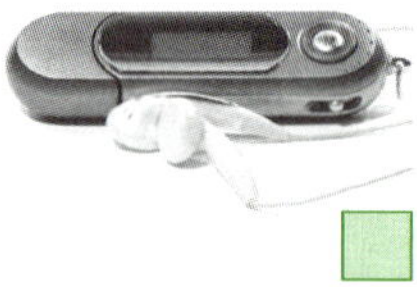

7

8
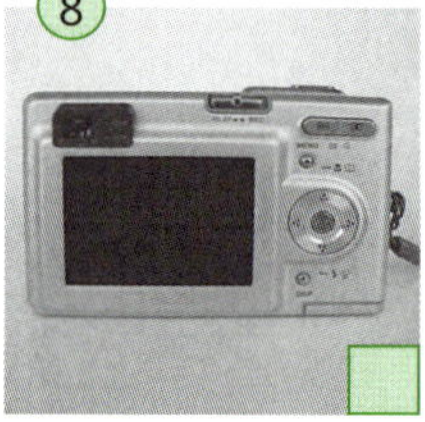

9

a. la impresora b. el (reproductor de) mp3 c. el (ordenador) portátil
d. el ordenador (personal) e. la cadena de música f. la cámara digital
g. el reproductor de DVD h. el (teléfono) móvil i. el televisor de pantalla plana

3 TR 49

¿Para qué sirve...? (*Wozu braucht man ...?*). Hören Sie sich einige Fragen über moderne Geräte an und kreuzen Sie die richtigen Antworten an.

1.
- a. Para hacer fotos.
- b. Para escuchar música.
- c. Para cocinar.

2.
- a. Para hablar por teléfono.
- b. Para imprimir (*ausdrucken*).
- c. Para ir de excursión.

3.
- a. Para trabajar en la oficina.
- b. Para ver películas (*Filme*).
- c. Para escuchar música.

4

Das Imperfekt (**pretérito imperfecto**) ist eine weitere Vergangenheitsform. Sie wird häufig benutzt, um Erinnerungen oder sich wiederholende Handlungen in der Vergangenheit wiederzugeben.

§ 24

	–ar	**–er**	**–ir**
yo	llega**ba**	com**ía**	viv**ía**
tú	llega**bas**	com**ías**	viv**ías**
él/ Ud.	llega**ba**	com**ía**	viv**ía**
nos.	lleg**ábamos**	com**íamos**	viv**íamos**
vos.	llega**bais**	com**íais**	viv**íais**
ellos/ Uds.	llega**ban**	com**ían**	viv**ían**

Die einzigen Außnahmen bilden die folgenden Verben:

ser – **era, eras, era, éramos, erais, eran**
ir – **iba, ibas, iba, íbamos, ibais, iban**
ver – **veía, veías, veía, veíamos, veíais, veían**

5 ② TR 50

Fügen Sie die richtige Form des Imperfekts in die Lücken ein. Hören Sie danach die Aufnahme und vergleichen Sie Ihre Antworten.

1. Me acuerdo cuando tú ________________ joven. (ser)
2. Antes no ________________ ni siquiera ordenadores. (haber)
3. La familia ________________ más tiempo reunida. (pasar)
4. Vosotros ________________ antes más. (leer)
5. Me acuerdo cuando yo ________________ al cine con María. (ir)
6. Ahora ves la televisión mucho, antes no la ________________ tanto. (ver)
7. En las vacaciones nosotros no ________________ tanto como hoy en día. (viajar)
8. Ella ________________ mucho en el baile. (divertirse)

6

Um Gewohnheiten sowie sich wiederholende Vorgänge in der Vergangenheit wiederzugeben, benutzt man oft das Verb **soler**:
Yo solía ir a bailar. – *Ich pflegte tanzen zu gehen.*

Bilden Sie Sätze mit den vorgegebenen Wörtern.

1. niño – yo – cuando – ser – soler – excursión – ir – de

____

2. soler – él – libros – muchos – leer – ahora – no

____

3. ordenadores portátiles – antes – haber – no – tantos

____

7

2 TR 51

Kreuzen Sie die richtige Vergangenheitsform des Verbs an. Danach können Sie Ihre Antworten mir der Aufnahme vergleichen.

1. Antes yo ... en el campo.
   - a. viví
   - b. vivía
   - c. he vivido

2. El año pasado nosotros ... al Caribe.
   - a. viajamos
   - b. viajábamos
   - c. hemos viajado

3. ¿ ... usted una habitación doble?
   - a. reservó
   - b. reservaba
   - c. ha reservado

4. El 6 de febrero de 1972 ... Patricio.
   - a. nació
   - b. nacía
   - c. ha nacido

5. Nosotros ... siempre la televisión por la noche.
   - a. vimos
   - b. veíamos
   - c. hemos visto

6. Esta mañana ... todo el pastel.
   - a. os comisteis
   - b. os comíais
   - c. habéis comido

Wortschatz

el estado plural – der Vielvölkerstaat
convivir – zusammenleben
pacíficamente (*Adv.*) – friedlich
la lengua oficial – die Amtsprache
el euskera – das Baskische
el catalán – das Katalanische
el gallego – das Galicische
la historia – die Geschichte
la guerra – der Krieg
la etapa – die Phase, die Zeit
la política – die Politik
el esplendor – die Pracht
el siglo – das Jahrhundert
la guerra civil – der Bürgerkrieg
posterior – spätere(r, s)
la década – das Jahrzehnt
integrarse – sich integrieren
la Comunidad Europea – die Europäische Gemeinschaft
la mayoría – die Mehrheit
la población – die Bevölkerung

8

Lesen Sie den folgenden Text über die Geschichte und Literatur Spaniens.

España es un estado plural donde conviven, más o menos pacíficamente, diferentes culturas. Las lenguas oficiales son el castellano, también llamado español, el euskera, el catalán y el gallego. La historia de España, como la de cualquier país, no ha sido sencilla. El país ha pasado por guerras y por etapas de paz. Tuvo una etapa de decadencia en la política y esplendor en las artes y la literatura del siglo dieciséis al diecisiete. En el año 1605, por ejemplo, Miguel de Cervantes escribió uno de los libros más conocidos en español, *El Quijote*.
Una etapa negra para la cultura y la política españolas fue la Guerra Civil (1936-39) y la posterior dictadura de Franco hasta el año 1975. Todos hemos tenido un abuelo que la recordaba. Pero hace décadas que España mira al futuro y se integró en la Comunidad Europea. La mayoría de la población seguirá trabajando por un país mejor.

9

Entscheiden Sie, ob die Aussagen über den Text aus Übung 8 **verdaderas** oder **falsas** sind.

	verdadera	falsa
1. España es un estado plural donde conviven distintas culturas.		
2. En el país solo se habla castellano, la única lengua oficial.		
3. Miguel de Cervantes vivió en el siglo veinte.		
4. La Guerra Civil y la dictadura fueron una etapa negra.		
5. España no está integrada en la Comunidad Europea.		

10

Unterstreichen Sie alle konjugierte Verben im Text von Übung 8 und tragen Sie ein.

Präsens: __________ __________ __________ __________

Perfekt: __________ __________ __________

Indefinido: __________ __________ __________ __________

Imperfekt: __________ Futur: __________

11 2 TR 52

Lernen Sie die Regionen Spaniens kennen. Sehen Sie sich die Karte an und hören Sie die Aufnahme, dabei können Sie die Namen mitlesen.

12 TR 53

Wenn das Imperfekt und das **Indefinido** in einer Aussage zusammentreffen, gilt:

- das Imperfekt stellt die Begründung dar: **Cuando estaba en el colegio, estudié muchas cosas.** – *Als ich in der Schule war, lernte ich viele Dinge.*
- oder das **Indefinido** drückt eine einmalige oder neu einsetzende Handlung aus: **Cuando comía en casa, sonó el teléfono.** – *Als ich zu Hause aß, klingelte das Telefon.*

Schreiben Sie die Formen des Imperfekts oder **Indefinidos** in die Lücken. Wählen Sie dann Track 53 und vergleichen Ihre Antworten mit der Aufnahme.

1. Cuando Eva (tener) ____________ dieciocho años, (ir) ____________ una vez a escalar.
2. Cuando (salir) ____________ de casa, (empezar – *anfangen*) ____________ a llover.
3. Laura (visitar) ____________ a Alberto una vez que (viajar) ____________ a Madrid.
4. Recuerdo que cuando (ser) ____________ joven (ir) ____________ a bailar.

13

Stellen Sie sich vor, dass Sie mit María Luisa in London waren. Erzählen Sie uns von der kleinen Reise. Benutzen Sie dabei die Wörter und Verben in der vorgegebenen Vergangenheitsform und in der vorgegebenen Reihenfolge.
Eine Musterlösung finden Sie im Anhang.

____
____
____
____
____
____
____

recordar (*Präsens*) viaje – ser (*Indefinido*) tiempo – llover (*Imperfekt*) todo día
ir (*Indef.*) teatro – no gustar (*Imp.*) antes – visitar (*Indef.*) también museos
pasarlo (*Indef.*) muy bien – decidir-*beschließen* (*Perfekt*) – que viajar (*Futur*) más

14 TR 54

Die Buchstaben **l** und **ll** bilden sehr unterschiedliche Laute im Spanischen. Das **l** wird wie das deutsche *l* gesprochen: **literatura**, **plural**, **oficial**, **siglo**.
Das **ll** dagegen wird wie etwa das deutsche *lj* in ‚Million' ausgesprochen: **castellano**, **lluvia**.

Lesen Sie die folgenden Wörter laut. Danach können Sie sich die Aufnahme anhören und überprüfen, ob Sie die Wörter richtig ausgesprochen haben.

Mallorca llave caballero llamar llegar gallego llover
llorar (*weinen*) lluvia Castilla pollo (*Hähnchen*) elle

15 TR 55

Hören Sie sich die Aufnahme an und unterstreichen Sie das Wort, das Sie gehört haben.

1. llave	2. loro	4. lavadero (*Waschbecken*)	5. ele
lavé	lloro	llavero (*Schlüsselanhänger*)	elle

16 TR 56

Diese Sätze sind durcheinander geraten. Bringen Sie sie mündlich wieder in Ordnung. Hören Sie sich danach die Aufnahme an und vergleichen Sie Ihre Aussprache. Danach können Sie sie schreiben.

1. llamado – hoy – ¿Has – a María?
2. Alberto y Eva – Mallorca – a – viajaron – paella – comieron – y
3. castellano – no es – lengua oficial – única – el – la
4. llegó – del – trabajo – ayer – Juan- tarde
5. llovió – el – domingo – todo
6. sobre – las – mesa – la – estaban – llaves

1. ______________________
2. ______________________
3. ______________________
4. ______________________
5. ______________________
6. ______________________

1

Am 5. Juni ist Tag der Umwelt (**día mundial del medio ambiente**). Suchen Sie die Wörter aus dem Bereich Natur und Umwelt in der Buchstabensuppe. Mit den Buchstaben, die übrig bleiben, können Sie einen Slogan zum Umweltschutz vervollständigen. Lesen Sie die Buchstaben dafür im Uhrzeigersinn!

¡	L	A	N	M	A	T	C	U
P	E	R	R	O	S	R	A	L
F	A	L	E	N	Z	A	B	A
L	E	S	E	T	A	S	A	G
O	D	E	T	A	O	D	L	O
R	O	S	R	Ñ	E	S	L	P
E	E	T	A	A	R	B	O	L
S	L	P	E	C	E	S	A	!

1. montaña
2. caballo
3. seta (*Pilz*)
4. perros
5. lago
6. árbol
7. flores
8. peces (*Fische*)

____

(*Die Natur gehört uns alle, nehmen Sie Rücksicht darauf!*)

2

Spielen Sie am Spielautomaten! In jedem Feld befinden sich vier Wörter, von denen jeweils eines nicht zu den anderen passt. Lesen Sie die Wörter und unterstreichen Sie das Wort.

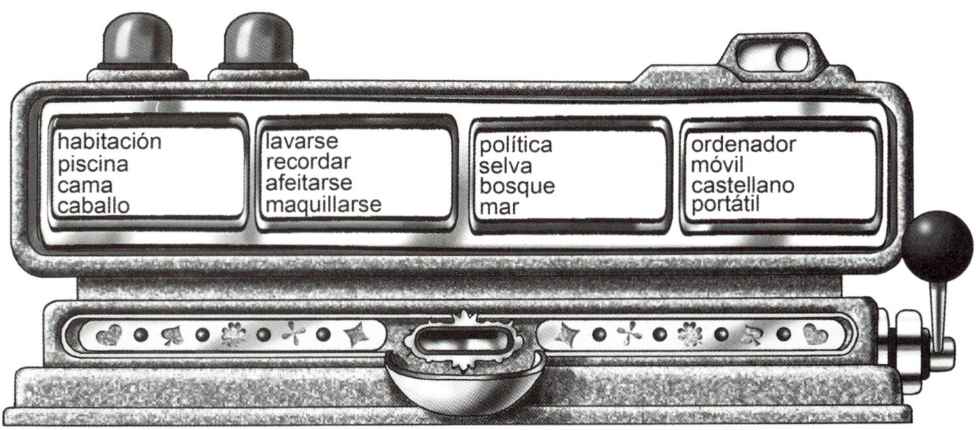

3 TR 57

In der Aufnahme hören Sie die Verben in der Infinitivform. Tragen Sie sie in der Imperfektform – 1. Person Singular – ein und vergessen Sie dabei die Akzente (**tildes**) nicht.

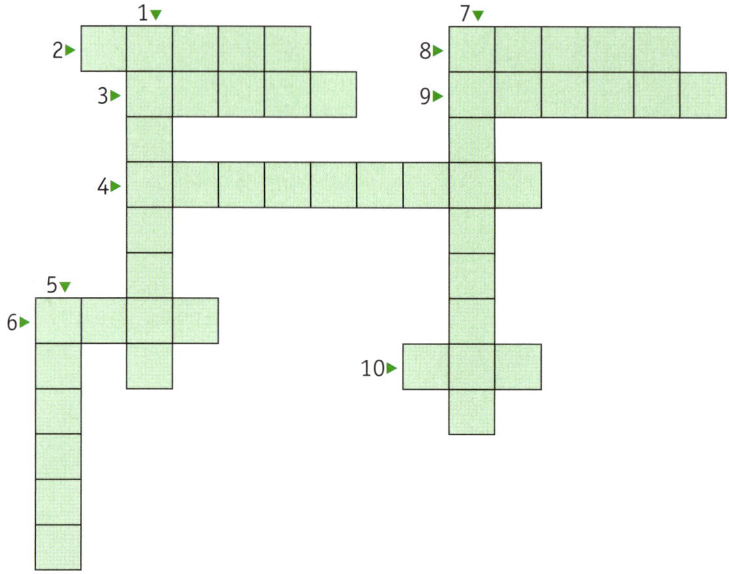

4 TR 58

Lernen Sie, wie man sich in den verschiedenen Amtsprachen Spaniens verabschiedet. Hören Sie zuerst die Aufnahme und versuchen Sie dann die Grüße auszusprechen!

Cataluña

País Vasco

Galicia

1 TR01 1 Übung 1

María Luisa: Hola, buenos días. Me llamo María Luisa. Y usted, ¿cómo se llama?
Ronald: Yo me llamo Ronald Lamers.
María Luisa: ¿De dónde es usted?
Ronald: Yo soy de Holanda. ¿Y usted?
María Luisa: Yo soy española, soy de Madrid, pero vivo aquí, en Barcelona. Hola Pablo, ¿cómo estás?
Pablo: Muy bien gracias. ¿Y tú?
María Luisa: Bien. Mira, te presento a Ronald Lamers. Es de Holanda.
Pablo: Soy Pablo, mucho gusto.
Ronald: Encantado.

María Luisa: Hallo, guten Tag. Ich heiße María Luisa. Und Sie? Wie heißen Sie?
Ronald: Ich heiße Ronald Lamers.
María Luisa: Woher kommen Sie?
Ronald: Ich komme aus Holland. Und Sie?
María Luisa: Ich bin Spanierin, ich komme aus Madrid, aber ich lebe hier, in Barcelona. Hallo Pablo, wie geht es dir?
Pablo: Sehr gut, danke. Und dir?
María Luisa: Gut. Schau mal, ich möchte dir Ronald Lamers vorstellen. Er ist aus Holland.
Pablo: Ich bin Pablo, sehr erfreut.
Ronald: Angenehm.

1 TR03 1 Übung 7

1. Mi teléfono es el 984773.
2. Mi número de teléfono es el 645736.
3. Mi teléfono... 735378.
4. Mi número es el 177620.
5. Mi teléfono es el 418237.
6. Mi número de teléfono es el 598734.
7. Mi teléfono... 301278.
8. A ver, mi número de teléfono es el 681294.

1 TR04 1 Übung 8

Pablo: Hace mucho tiempo que no veo a Ana. ¿Qué hace ahora?
Andrés: Pues, Ana trabaja en una escuela, es profesora de español en Granada.
Pablo: Y Francisco, ¿vive aquí en Barcelona?
Andrés: Sí, es médico y trabaja en el Hospital Santa María. Y tú, ¿todavía

Pablo: Ich habe Ana schon lange nicht gesehen. Was macht sie jetzt?
Andrés: Also, Ana arbeitet in einer Schule. Sie ist Spanischlehrerin in Granada.
Pablo: Und Francisco, wohnt er hier in Barcelona?
Andrés: Ja, er ist Arzt und arbeitet im Krankenhaus Santa María. Und du,

trabajas en el Hotel Princesa Sofía?

Pablo: No, ahora trabajo en el Hotel Colón como recepcionista.

Andrés: ¡Qué bien! ¿Y qué hace Ester?

Pablo: Tiene dos hijos y es ama de casa. Su hermana María trabaja ahora de azafata. Le gusta mucho viajar y conocer otros países.

Andrés: ¡No me digas! Y sabes que Esteban es futbolista. Juega para un equipo alemán en Hamburgo.

Pablo: Y tú Andrés, ¿a qué te dedicas?

Andrés: De momento no tengo trabajo, estoy parado.

Pablo: ¡Qué lastima!

Andrés: Pero espero encontrar algo en un restaurante u hotel en la costa... o ser mi propio jefe, abrir una empresa y ser autónomo.

arbeitest du noch im Hotel Princesa Sofía?

Pablo: Nein, ich arbeite jetzt im Hotel Colón als Empfangschef.

Andrés: Wie toll! Und was macht Ester?

Pablo: Sie hat zwei Kinder und ist Hausfrau. Ihre Schwester María arbeitet jetzt als Stewardess. Sie reist sehr gerne und lernt gerne andere Länder kennen.

Andrés: Was du nicht sagst! Und weißt du, dass Esteban Fußballspieler ist? Er spielt für eine deutsche Mannschaft in Hamburg.

Pablo: Und du, Andrés? Was machst du?

Andrés: Im Moment habe ich keine Arbeit. Ich bin arbeitslos.

Pablo: Wie schade!

Andrés: Aber ich hoffe, in einem Restaurant oder Hotel an der Küste etwas zu finden ... oder mein eigener Chef zu sein, eine Firma eröffnen und selbstständig sein.

1 TR 10

2 Übung 1

María Luisa: Pablo, te presento a mi suegra Silvia. Vive en Madrid.

Pablo: ¡Mucho gusto!

Silvia: Encantada.

María Luisa: Y éste es mi primo Ignacio.

Pablo: Hola, soy Pablo. Mucho gusto.

Ignacio: Encantado.

María Luisa: Y ésta es mi cuñada Begoña.

Begoña: ¡Es un placer!

Pablo: Encantado.

María Luisa: Pablo, darf ich dir meine Schwiegermutter vorstellen? Sie wohnt in Madrid.

Pablo: Sehr erfreut!

Silvia: Angenehm.

María Luisa: Und das ist mein Cousin Ignacio.

Pablo: Hallo, ich bin Pablo. Sehr erfreut.

Ignacio: Angenehm.

María Luisa: Und das ist meine Schwägerin Begoña.

Begoña: Es ist mir ein Vergnügen!

Pablo: Angenehm.

1 TR14

2 Übung 7

Lola: ¡Qué guapa! ¡Qué vestido tan bonito!
María Luisa: Gracias. Sí, una boda muy bonita.
Lola: ¿Quién es el señor de las gafas? ¿Es tu padre?
María Luisa: No, es mi tío Miguel, el hermano de mi madre. Y la señora del sombrero es mi tía Ana.
Lola: ¿Y este chico tan guapo?
María Luisa: Éste, el de los ojos azules, es mi primo Andrés. Es arquitecto, muy bueno y... todavía es soltero, pero trabaja día y noche.
Lola: Tu madre parece un poco seria en esta foto.
María Luisa: Sí, estaba un poco nerviosa. Estos son mis abuelos. Immaculada, la del vestido rojo y Alfonso, el que lleva barba. Son los padres de mi madre.
Lola: Y estos señores, ¿quiénes son?
María Luisa: Son mis suegros. Antonio, que siempre lleva corbatas muy originales y Silvia, la de la blusa verde. Son simpáticos, pero viven un poco lejos, en Madrid.
Lola: ¿Y el viaje de novios?
María Luisa: En el Caribe...

Lola: Wie hübsch! Was für ein schönes Kleid!
María Luisa: Danke. Ja, eine sehr schöne Hochzeit.
Lola: Wer ist der Herr mit der Brille? Ist er dein Vater?
María Luisa: Nein, er ist mein Onkel Miguel, der Bruder meiner Mutter. Und die Frau mit dem Hut ist meine Tante Ana.
Lola: Und dieser hübsche Junge?
María Luisa: Der mit den blauen Augen ist mein Cousin Andrés. Er ist Architekt, ein sehr guter, und ... noch ledig, aber er arbeitet Tag und Nacht.
Lola: Deine Mutter sieht auf diesem Foto ein bisschen ernst aus.
María Luisa: Ja, sie war ein bisschen nervös. Diese hier sind meine Großeltern. Immaculada, die mit dem roten Kleid und Alfonso, der mit dem Bart. Sie sind die Eltern meiner Mutter.
Lola: Und die Herrschaften hier, wer sind sie?
María Luisa: Sie sind meine Schwiegereltern. Antonio, der immer sehr eigenartige Krawatten trägt, und Silvia, die mit der grünen Bluse. Sie sind sehr sympathisch, aber sie wohnen ein bisschen weit weg, in Madrid.
Lola: Und die Hochzeitsreise?
María Luisa: In der Karibik ...

1 TR 16 2 Übung 11

Compañero: Rosa, ¿conoces tú al nuevo jefe?
Rosa: Sí, lo conozco. Se llama Juan.
Compañero: ¿Es simpático?
Rosa: Sí, sí, es muy simpático.
Compañero: ¿Y cómo es?
Rosa: Es calvo y lleva barba.

1 TR 19 3 Übung 1

Ana: Juan, ¿a qué hora te levantas normalmente?
Juan: Bueno, yo me levanto pronto, a las 6:30 más o menos. Luego me ducho rápidamente, tomo un café y me voy al trabajo en tren.
Ana: Y tu mujer, ¿a qué hora se levanta?
Juan: ¿Consuelo?, ella se levanta un poco más tarde, sobre las 7 y media. Despierta a los niños, se duchan y luego desayunan juntos. A las 8 y media los niños salen de casa y se van al colegio en autobús.
Ana: Y tú Juan, ¿cuándo empiezas a trabajar?
Juan: Trabajo desde las 8 y media hasta las 6 de la tarde.
Ana: Con descanso para comer, ¿no?
Juan: Sí, claro, a la 1 y media como en la cantina.
Ana: ¿Y qué haces por las tardes después del trabajo?

Ana: Juan, um wie viel Uhr stehst du normalerweise auf?
Juan: Also, ich stehe früh auf, ungefähr um halb sieben. Danach dusche ich schnell, trinke einen Kaffee und fahre mit dem Zug zur Arbeit.
Ana: Und deine Frau, um wie viel Uhr steht sie auf?
Juan: Consuelo? Sie steht ein bisschen später auf, gegen halb acht. Sie weckt die Kinder auf, sie duschen sich, und danach frühstücken sie alle zusammen. Um halb neun gehen die Kinder aus dem Haus und fahren mit dem Bus zur Schule.
Ana: Und du, Juan, wann fängst du an zu arbeiten?
Juan: Ich arbeite von halb neun bis sechs Uhr abends.
Ana: Mit einer Mittagspause, oder?
Juan: Ja, natürlich, um halb zwei esse ich in der Kantine.
Ana: Und was machst du am Abend nach der Arbeit?

Juan: Pues... algunos días voy al supermercado a comprar, otros voy al gimnasio o recojo a los niños del colegio.
Ana: Por la noche estás cansado, ¿no? ¿Quién prepara la cena?
Juan: Pues, normalmente, mi mujer. Por la noche cenamos todos juntos y luego los niños se acuestan. Consuelo y yo nos quedamos tranquilos en el sofá y leemos un poco o vemos la televisión.

Juan: Also ... an einigen Tagen gehe ich in den Supermarkt einkaufen, an anderen Tagen gehe ich ins Sportstudio oder hole die Kinder von der Schule ab.
Ana: Spätabends bist du müde, oder? Wer bereitet das Abendessen vor?
Juan: Also, normalerweise, meine Frau. Am Abend essen wir alle zusammen, und danach gehen die Kinder ins Bett. Consuelo und ich bleiben gemütlich auf dem Sofa und lesen ein bisschen oder sehen fern.

1 TR24 3 Übung 7

Josefina: ¿Diga?
María Luisa: Hola Josefina, soy yo, María Luisa. ¿Qué tal?
Josefina: Bien, bien. Y tú, ¿qué tal?
María Luisa: Bien. Oye, ¿tienes ganas de ir al cine el viernes por la noche?
Josefina: Lo siento, el viernes no puedo, es que tengo clase de baile. ¿Qué tal el sábado?
María Luisa: Vale, de acuerdo. ¿A qué hora?
Josefina: Pues no sé... ¿qué tal a las 8?
María Luisa: A las 8 me parece muy temprano. Mejor un poco más tarde.
Josefina: ¿A las 10? ¿Por qué no tomamos primero una copa y después vamos a la función de las 11?

Josefina: Ja hallo?
María Luisa: Hallo Josefina, ich bin María Luisa. Wie geht's?
Josefina: Gut, gut. Und dir, wie geht es dir?
María Luisa: Gut. Hör mal zu, hast du Lust am Freitag Abend ins Kino zu gehen?
Josefina: Es tut mir leid, am Freitag kann ich nicht, ich habe Tanzkurs. Wie sieht es Samstag aus?
María Luisa: Ok, einverstanden. Um wie viel Uhr?
Josefina: Ich weiß nicht ... Wie sieht es mit acht Uhr aus?
María Luisa: Acht Uhr scheint mir sehr früh. Besser ein wenig später.
Josefina: Um zehn Uhr? Warum trinken wir nicht etwas und gehen danach in die Vorstellung um elf?

María Luisa: Perfecto, ¿y dónde quedamos?
Josefina: ¿Qué tal delante del bar El Toro?
María Luisa: Bien, entonces quedamos el sábado a las 10 delante del Bar El Toro.
Josefina: Vale, muy bien. ¡Hasta luego!
María Luisa: Adiós.

María Luisa: Perfekt, und wo treffen wir uns?
Josefina: Vor der Kneipe El Toro?
María Luisa: Gut, dann treffen wir uns am Samstag vor der Kneipe El Toro um zehn Uhr.
Josefina: Gut, sehr gut. Bis dann!
María Luisa: Tschüss!

1 TR26 3 Übung 10

1. El domingo no tengo clase de baile.
2. Ana y yo no tomamos una copa en el bar La Tapa.
3. No quedamos en el cine el miércoles.

1 TR31 Entspannungstag 1 Übung 1

Mi nombre es Gerardo.
Mis apellidos son Boira Martínez.
Mi nacionalidad es española.
Mi lugar de nacimiento es Granada.
Mi fecha de nacimiento es el 25 de enero de 1974.
Mi dirección es Avenida República 10, 4º 1ª.
El color de mis ojos es azul.

1 TR34 4 Übung 1

Lola: Perdone, ¿sabe usted si hay una gasolinera por aquí cerca?
Señor: Mmm... a ver... Pues sí, hay una aquí al lado, en la calle Alcora.
Lola: Ah, ¡de maravilla! ¿Y cómo llego hasta la gasolinera?
Señor: Mira, tienes que torcer la primera calle a la derecha, es una avenida muy grande. Después seguir todo recto hasta el tercer cruce. Tienes que pasar un parque y una iglesia y, después de la iglesia, la primera calle a mano izquierda, allí está la gasolinera.

Lola: Entschuldigen Sie, wissen Sie, ob es in der Nähe eine Tankstelle gibt?
Herr: Hmm ... mal sehen ... Ach ja, es gibt eine in unmittelbarer Nähe, in der Alcora Straße.
Lola: Ah, super! Und wie komme ich zur Tankstelle?
Herr: Schau mal, du musst an der ersten Straße rechts abbiegen, sie ist eigentlich eine sehr große Allee. Danach fährst du weiter geradeaus bis zur dritten Kreuzung. Du musst an einem Park und an einer Kirche vorbei fahren, und, nach der Kirche, die erste Straße links, da ist die Tankstelle.

Creo que está abierta las veinticuatro horas.
Lola: Muchas gracias.
Señor: No hay de qué.

Ich glaube, die hat 24 Stunden auf.
Lola: Vielen Dank.
Herr: Keine Ursache.

1 TR38 4 Übung 9

Vena: Hola, quiero un billete de metro, por favor.
Taquillero: ¿Quieres un billete sencillo o un bono de diez viajes?
Vena: Bueno, mejor un bono de diez viajes. ¿Cuánto es?
Taquillero: Son 7 euros.
Vena: Aquí tiene. Perdone, ¿puede decirme cómo voy hasta la Plaza de Castilla?
Taquillero: Sí, claro, desde aquí es muy fácil. Tienes que tomar la línea 8 hasta la estación Colombia y luego cambiar a la línea 9 en dirección a Herrera Oria. La tercera estación es Plaza de Castilla.
Vena: Muchas gracias, adiós.

Vena: Hallo, ich möchte einen Fahrschein, bitte.
Schalterbeamter: Möchtest du einen einfachen Fahrschein oder eine Zehnerkarte?
Vena: Na gut, besser eine Zehnerkarte. Wie viel kostet es?
Schalterbeamter: Das macht 7 Euro.
Vena: Bitte sehr. Entschuldigen Sie, können Sie mir sagen, wie ich zum Castilla-Platz komme?
Schalterbeamter: Ja, sicher, von hier aus ist es sehr einfach. Du musst die Linie 8 bis zur Haltestelle Colombia nehmen, und danach steigst du in die Linie 9 Richtung Herrera Oria um. Die dritte Haltestelle ist der Castilla-Platz.
Vena: Vielen Dank, tschüss.

1 TR44 5 Übung 1

Camarero: Buenas noches señores. Aquí tienen la carta.
Juan: Gracias.
Nieves: ¿Qué nos puede recomendar?
Camarero: De primero les recomiendo la sopa de mariscos y, de segundo, el solomillo de ternera.

Ober: Guten Abend. Hier haben Sie die Speisekarte.
Juan: Danke.
Nieves: Was können Sie uns empfehlen?
Ober: Als Vorspeise empfehle ich Ihnen die Meeresfrüchtesuppe und als Hauptspeise Kalbsfilet.

Nieves:	Yo prefiero comer pescado. Yo quiero de primero una ensalada mixta y de segundo el lenguado a la parilla.
Camarero:	Muy bien. ¿Y usted señor?
Juan:	Para mí, de primero, la sopa y, de segundo, el solomillo de ternera.
Camarero:	¿Y para beber?
Juan:	Nieves, ¿tomamos un vino tinto bien seco?
Nieves:	Yo prefiero un vino blanco y una botella de agua mineral sin gas, por favor.
Juan:	Pero para mí el vino tinto, por favor.
Camarero:	Bien, enseguida va.
...	
Juan:	¿Qué tal está el pescado?
Nieves:	Está riquísimo. ¿Lo quieres probar?
Juan:	No gracias. Esta carne está deliciosa.
...	
Camarero:	¿Quieren tomar postre?
Nieves:	Sí, por favor. Yo quiero un helado de chocolate.
Camarero:	¿Y usted señor?
Juan:	Para mí nada, gracias.
...	
Juan:	Nieves, ¿también tomas café?
Nieves:	No gracias, hoy no.
Juan:	Camarero, por favor. ¿Me trae un café con leche y la cuenta, por favor?
Camarero:	Enseguida va, señor.

Nieves:	Ich esse lieber Fisch. Ich möchte als Vorspeise einen gemischten Salat und als Hauptspeise gegrillte Seezunge.
Ober:	Sehr gut. Und Sie?
Juan:	Für mich als Vorspeise die Suppe und als Hauptspeise das Kalbsfilet.
Ober:	Und zu trinken?
Juan:	Nieves, trinken wir einen schön trockenen Rotwein?
Nieves:	Ich bevorzuge einen Weißwein und eine Flasche Mineralwasser ohne Kohlensäure, bitte.
Juan:	Aber für mich den Rotwein, bitte.
Ober:	Gut, kommt sofort.
...	
Juan:	Wie schmeckt der Fisch?
Nieves:	Er ist sehr lecker. Möchtest du ihn probieren?
Juan:	Nein, danke. Dieses Fleisch ist köstlich.
...	
Ober:	Möchten Sie Nachtisch?
Nieves:	Ja, bitte. Ich möchte ein Schokoladen-Eis.
Ober:	Und für Sie?
Juan:	Für mich nichts, danke.
	...
Juan:	Nieves, trinkst du auch einen Kaffee?
Nieves:	Nein, danke, heute nicht.
Juan:	Entschuldigen Sie bitte. Bringen Sie mir bitte einen Milchkaffee und die Rechnung?
Ober:	Kommt sofort.

1 TR47 5 Übung 5

De entrante prefiero la ensalada mixta. Luego, de segundo plato, quiero tomar pescado, merluza a la vasca. De beber tomo un vino blanco y agua mineral sin gas. No quiero nada de postre, pero quiero tomar un café solo.

De primer plato quiero tomar la paella al horno. De segundo plato prefiero ave, quiero la pechuga de pollo con patatas. Prefiero tomar cerveza para comer. De postre quiero fruta del tiempo y después un cortado.

1 TR50 5 Übung 9

Vendedora: ¿Qué desea?
Clienta: Deme un kilo de tomates, tres cebollas y ajo, por favor.
Vendedora: ¿Algo más?
Clienta: Sí, me pone un kilo y medio de naranjas.
Vendedora: Aquí tiene.
Clienta: ¿Cuánto cuestan las peras?
Vendedora: Un euro veinte el kilo.
Clienta: Entonces, quiero un kilo de peras, por favor.
Vendedora: ¿Desea algo más?
Clienta: No, gracias, eso es todo. ¿Cuánto es?
Vendedora: Son... 4 euros con veinte, por favor.

Verkäuferin: Was wünschen Sie?
Kundin: Geben Sie mir ein Kilo Tomaten, drei Zwiebeln und Knoblauch, bitte.
Verkäuferin: Noch etwas?
Kundin: Ja, geben Sie mir eineinhalb Kilo Orangen.
Verkäuferin: Bitte sehr.
Kundin: Wie viel kosten die Birnen?
Verkäuferin: Ein Euro zwanzig das Kilo.
Kundin: Dann möchte ich ein Kilo Birnen, bitte.
Verkäuferin: Möchten Sie noch etwas?
Kundin: Nein, danke, das ist alles. Wie viel kostet es?
Verkäuferin: Es sind ... 4 Euro zwanzig, bitte.

1 TR52 5 Übung 12

1. ¿Cuánto cuestan dos paquetes de arroz?
2. ¿Cuánto cuesta una barra de pan?
3. ¿Cuánto valen media docena de huevos y un paquete de sal?
4. ¿Cuánto cuesta un brik de leche?
5. ¿Cuánto vale una bolsa de papas fritas?
6. ¿Cuánto vale una botella de aceite?
7. ¿Cuánto cuestan una botella de vino y una lata de cerveza?
8. ¿Cuánto valen dos botellas de agua?

1 TR55 5 Übung 15

1. De primero quiero tomar la ensalada y de segundo solomillo de ternera.
2. La sopa está muy rica.
3. Yo quiero un helado de chocolate.
4. Gracias, eso es todo. Me trae la cuenta, por favor.
5. Deme dos kilos de patatas.
6. ¿Cuánto cuestan los plátanos?
7. Entonces quiero dos kilos.
8. No, gracias, eso es todo. ¿Cuánto es?

1 TR56 6 Übung 1

Maite: ¿Diga?
Francisco: Buenos días, soy Francisco Martínez. He leído su anuncio en el periódico de que alquilan una casa.
Maite: Sí, sí. Si le interesa puede pasar a verla.
Francisco: Con mucho gusto, ¿cuándo podemos pasar?
Maite: Pueden pasar esta tarde si quieren.
Francisco: Muy bien, ¿entonces esta tarde a las 5?
Maite: Sí, muy bien, hasta las 5 entonces.
...
Francisco: Buenas tardes. Soy Francisco Martínez y ésta es mi mujer María.
Maite: Hola, buenas tardes. Yo soy Maite. Pasen, miren, éste es el pasillo... aquí está la sala de estar con una preciosa vista al jardín.

Maite: Ja, hallo?
Francisco: Guten Morgen, ich bin Francisco Martínez. Ich habe Ihre Anzeige in der Zeitung gelesen, sie vermieten ein Haus.
Maite: Ja, ja. Wenn Sie Interesse haben, können Sie vorbeikommen und es besichtigen.
Francisco: Sehr gern, wann können wir vorbeikommen?
Maite: Sie können heute Nachmittag vorbeikommen, wenn Sie möchten.
Francisco: Sehr gut, dann bis heute Nachmittag um 5?
Maite: Ja, sehr gut, dann bis heute Nachmittag um 5.
...
Francisco: Guten Tag. Ich bin Francisco Martínez und diese ist meine Frau María.
Maite: Hallo, guten Tag. Ich bin Maite. Kommen Sie herein, schauen Sie mal, das ist der Flur... Hier ist das Wohnzimmer mit einer wunderschönen Aussicht auf den Garten.

María:	¡Es muy grande! ¡Y luminosa!
Maite:	Ésta es la cocina.
María:	¡Es fantástica!
Maite:	Éste es el cuarto de baño grande con ducha y bañera. ¿Les gusta?
María:	Sí, me encanta.
Francisco:	¿Y cuánto es el alquiler?
Maite:	955 euros por mes.
Francisco:	Eso está muy bien.
María:	¿Podemos ver los dormitorios?
Maite:	¡Claro que sí! Aquí están, son tres dormitorios.
Francisco:	¡Qué bonitos!
Maite:	Aquí está el baño más pequeño y...

María:	Es ist sehr groß! Und hell!
Maite:	Das ist die Küche.
María:	Sie ist fabelhaft!
Maite:	Das ist das große Badezimmer mit Dusche und Badewanne. Gefällt es Ihnen?
María:	Ja, es gefällt mir sehr.
Francisco:	Und wie hoch ist die Miete?
Maite:	955 Euro monatlich.
Francisco:	Das ist sehr gut.
María:	Können wir die Schlafzimmer sehen?
Maite:	Natürlich, ja! Hier sind sie, es gibt drei Schlafzimmer.
Francisco:	Wie schön!
Maite:	Hier befindet sich das kleinere Badezimmer und ...

1 TR59 6 Übung 5

1. ¿Cuántas habitaciones tiene tu casa?
2. ¿Qué hay en tu sala de estar?
3. Perdona, ¿dónde está el baño?
4. ¿Cuánto es el alquiler?
5. ¿Cuándo podemos pasar a ver la casa?
6. ¿Dónde está el jardín?

1 TR68 Entspannungstag 2 Übung 3

1. a la derecha
2. al lado
3. enfrente
4. encima
5. entre
6. detrás

1 TR63 6 Übung 12

1. El piso de Almazora es más pequeño que el piso de Benicasim.
2. El piso de Benicasim es más nuevo que el de Almazora.
3. El piso de Benicasim está menos cerca de la playa que el de Almazora.
4. El piso de Almazora parece tan bonito como el de Benicasim.

2 TR01 7 Übung 2

1. Él tiene 30 años.
2. Él tiene 47 años.
3. Ella tiene 83 años.

2 TR 05 7 Übung 8

Alberto: Oye, Berta, ¿qué vais a hacer tú y Luis este fin de semana?

Berta: No sé, no tenemos ningún plan todavía. ¿Por qué no hacemos una excursión?

Alberto: Eso quería proponer yo. ¿Os gustaría ir a Beceite? Es un pueblo cerca de Teruel donde se pueden hacer muchas actividades y deportes como escalada, senderismo, piragüismo... Además es muy bonito.

Berta: ¿Tú sabes escalar?

Alberto: Bueno... un poco. Me gusta la naturaleza y mi afición son los deportes.

Berta: Pues yo le tengo miedo a las alturas...

Alberto: ¡No importa!, podemos montar en bicicleta o hacer senderismo.

Berta: ¿No te apetecería más jugar al tenis o hacer piragüismo? Ésas son mis aficiones.

Alberto: Me parece bien, lo importante es salir un poco de la ciudad. ¡Necesito naturaleza!

Berta: Genial, entonces nos vamos a Beceite este fin de semana. Voy a llamar a Luis y se lo digo.

Alberto: Hör mal, Berta, was werdet ihr, du und Luis, am Wochenende machen?

Berta: Ich weiß nicht, wir haben noch keine Pläne. Warum machen wir nicht einen Ausflug?

Alberto: Das wollte ich vorschlagen. Möchtet ihr nach Beceite fahren? Das ist ein Dorf in der Nähe von Teruel, wo man viel unternehmen kann und Sportarten, wie klettern, wandern, Kanu fahren ... treiben kann. Außerdem ist es sehr schön dort.

Berta: Kannst du klettern?

Alberto: Na ja ... ein bisschen. Mir gefällt die Natur und Sport ist mein Hobby.

Berta: Also, ich habe Angst vor der Höhe ...

Alberto: Das macht nichts, wir können Fahrrad fahren oder wandern gehen.

Berta: Würdest du nicht lieber Tennis spielen oder Kanu fahren? Diese sind meine Hobbys.

Alberto: Einverstanden, wichtig ist nur, ein bisschen aus der Stadt heraus zu kommen. Ich brauche Natur!

Berta: Super, dann fahren wir nach Beceite dieses Wochenende. Ich werde Luis anrufen und ihm Bescheid sagen.

2 TR 11 8 Übung 1

Vendedora : Buenos días, ¿qué desea?
María Luisa: Mire, necesito un pantalón.
Vendedora: Muy bien, ¿y qué talla necesita?
María Luisa: La 40 ó 42, depende un poco del corte.
Vendedora: ¿De qué color quiere el pantalón?
María Luisa: ¿Tiene uno en azul o en negro?
Vendedora: Aquí tenemos uno negro. ¿Qué le parece?
María Luisa: No sé... ¿me lo puedo probar? ¿Dónde están los probadores?
Vendedora: Los probadores están al fondo del pasillo.
...
María Luisa: ¿Qué le parece? ¿No me queda muy ancho?
Vendedora: Sí, le queda un poco ancho.
María Luisa: ¿Me puede traer una talla más pequeña?
Vendedora: Naturalmente, aquí tiene. Éste es una 40.
...
María Luisa: Éste me queda muy bien. ¿Tiene un jersey en blanco o en azul?
Vendedora: ¿Qué le parece éste?
...
María Luisa: Es muy bonito pero me queda un poco estrecho.

Verkäuferin: Guten Morgen, kann ich Ihnen helfen?
María Luisa: Ich brauche eine Hose.
Verkäuferin: Sehr gut, und welche Größe brauchen Sie?
María Luisa: 40 oder 42, es hängt ein wenig von dem Schnitt ab.
Verkäuferin: In welcher Farbe möchten Sie die Hose?
María Luisa: Haben Sie eine in Blau oder Schwarz?
Verkäuferin: Hier haben wir eine in Schwarz. Was halten Sie davon?
María Luisa: Ich weiß nicht ... Kann ich sie anprobieren? Wo sind die Umkleidekabinen?
Verkäuferin: Die Umkleidekabinen sind am Ende des Flurs.
...
María Luisa: Was meinen Sie? Sitzt sie nicht zu weit?
Verkäuferin: Ja, sie sitzt ein bisschen zu weit.
María Luisa: Können Sie mir eine kleinere Größe bringen?
Verkäuferin: Selbstverständlich. Hier bitte sehr. Diese ist eine vierziger.
...
María Luisa: Diese sitzt sehr gut. Haben Sie einen weißen oder blauen Pullover?
Verkäuferin: Was halten Sie von diesem?
...
María Luisa: Er ist sehr schön, aber er ist ein wenig eng.

Vendedora: ¡Qué pena! Pero no lo tenemos en una talla más grande.
María Luisa: Bueno, me llevo el pantalón. ¿Cuánto cuesta?
Vendedora: 75 euros.
María Luisa: Muy bien.
Vendedora: ¿Paga en efectivo o con tarjeta?
María Luisa: Con tarjeta, por favor.

Verkäuferin: Schade! Aber wir haben ihn nicht in einer größeren Größe.
María Luisa: Na gut, ich nehme die Hose. Wie viel kostet sie?
Verkäuferin: 75 Euro.
María Luisa: Sehr gut.
Verkäuferin: Zahlen Sie bar oder mit Karte?
María Luisa: Mit Karte, bitte.

2 TR14 8 Übung 6

1. Mire, necesito un pantalón.
   ¿Cómo lo quiere?
2. ¿Tiene este jersey en otro color?
   Sí, lo tengo en rojo y en verde.
3. ¿Cómo me queda la falda?
   Le queda muy bien.
4. ¿Me puede traer una talla más pequeña?
   Sí claro, se la traigo enseguida.
5. ¿Me puedo probar estas botas?
   Sí, claro, puede probárselas.
6. Señora, ¿me puedo probar este jersey?
   Sí, claro que se lo puede probar.

2 TR15 8 Übung 7

1. Pedro tiene que trabajar el fin de semana.
2. Es algo peligroso ir al mercadillo por la tarde.
3. Lo mejor es que las tiendas están abiertas en domingo.
4. Pedro, en su lugar, compraría hasta cansarse.

2 TR20 9 Übung 1

Auxiliar: Consulta del doctor del Valle, ¡diga!
Pablo: Buenos días. Tengo un dolor de estómago terrible. ¿Me puede dar hora hoy por la tarde?
Auxiliar: Tenemos hora de consulta de 4 a 7 esta tarde. ¿Quiere pasar a las 5 de la tarde?

Arzthelferin: Praxis Doktor del Valle, guten Tag!
Pablo: Guten Tag. Ich habe fürchterliche Bauchschmerzen. Können Sie mir einen Termin für heute Nachmittag geben?
Arzthelferin: Wir haben Sprechstunde von vier bis sieben heute Nachmittag. Möchten Sie um fünf vorbeikommen?

Pablo: ¿A las 5? A ver, un momento... Sí, perfecto a las 5.
Auxiliar: ¿Su nombre, por favor?
Pablo: Mi nombre es Pablo Domínguez.
Auxiliar: Muy bien, señor Domínguez. Entonces, esta tarde a las 5.
Pablo: De acuerdo. Adiós.
Auxiliar: Adiós.
...
Doctor: Pase, pase. Siéntese, por favor. ¿Qué le pasa?
Pablo: Me siento muy mal, doctor.
Doctor: Vamos a ver. ¿Qué le duele?
Pablo: Me duele el estómago. Esta mañana he vomitado.
Doctor: ¿Tiene fiebre o diarrea?
Pablo: No, pero me siento muy mal. He comido en un restaurante y...
Doctor: A ver... Quítese la camisa, por favor, y acuéstese allí. Relájese... ¿Le duele aquí?
Pablo: ¡Ay!
Doctor: Es solo una indigestión. No coma nada hoy y tome manzanilla. Mañana ya puede comer algo ligero. ¡Pero nada de grasas!
Pablo: ¿No me va a recetar nada?
Doctor: No, no hace falta. Basta con la dieta, señor.
Pablo: Gracias, doctor. Hasta luego.

Pablo: Um fünf? Mal sehen, ein Moment ... Ja, perfekt, um fünf.
Arzthelferin: Ihr Name, bitte?
Pablo: Mein Name ist Pablo Domínguez.
Arzthelferin: Sehr gut, Herr Domínguez. Dann heute Nachmittag um fünf.
Pablo: Einverstanden. Auf Wiederhören.
Arzthelferin: Auf Wiederhören.
...
Doktor: Kommen Sie herein, kommen Sie herein. Setzen Sie sich, bitte. Was fehlt Ihnen?
Pablo: Doktor, ich fühle mich sehr schlecht.
Doktor: Mal sehen. Was tut Ihnen weh?
Pablo: Mein Magen tut weh. Heute Morgen habe ich mich übergeben.
Doktor: Haben Sie Fieber oder Durchfall?
Pablo: Nein, aber ich fühle mich sehr schlecht. Ich habe in einem Restaurant gegessen und ...
Doktor: Mal sehen ... Ziehen Sie sich bitte das Hemd aus und legen Sie sich dort hin. Entspannen Sie sich ... Tut es Ihnen hier weh?
Pablo: Au!
Doktor: Es ist nur eine Verdauungsstörung. Essen Sie heute nichts und trinken Sie Kamillentee. Morgen können Sie dann schon etwas Leichtes essen. Aber nichts Fettiges!
Pablo: Werden Sie mir nichts verschreiben?
Doktor: Nein, das ist nicht notwendig. Die Diät ist ausreichend.
Pablo: Danke, Herr Doktor. Auf Wiedersehen.

2 TR22 9 Übung 3

1. Tengo un dolor de cabeza terrible.
2. Me duele la espalda al sentarme.
3. Estoy resfriado, me duelen los oídos.
4. He leído demasiado, me duelen los ojos.
5. Tengo que ir al dentista, tengo dolor de muelas.
6. Me duele la pierna porque he hecho demasiado deporte.

2 TR24 9 Übung 6

1. Coma mucha verdura.
2. ¿Estás mareada? Relájate y acuéstate.
3. Tenemos dolor de estómago. – No comáis grasas y tomad mucho líquido.
4. Me duelen las muelas. – Visita al dentista y no bebas bebidas frías.
5. Estamos cansados. – Acuéstense en su cama y no lean.
6. Me duele la cabeza. – Tómate un analgésico.
7. No sabemos qué hacer en la vida. – ¿Cómo que no? !Vivid!
8. Relájate y vamos de compras.
9. No beban tanto vino, no es bueno.
10. Quítate los pantalones y pruébate éstos.

2 TR32 10 Übung 1

Recepcionista: Buenos días, señores. ¿Qué desean?
Pablo: Buenos días, hemos reservado una habitación doble con baño del 15 al 30 de septiembre.
Recepcionista: ¿Su nombre, por favor?
Pablo: Señores Domínguez.
Recepcionista: Ah sí, aquí está. Una doble con baño. Habitación número 15.
Pablo: ¿Cuándo y dónde se puede desayunar?
Recepcionista: El desayuno es de 7:00 a 10:00 en el comedor, aquí a la derecha, al lado del bar.
Pablo: ¿Y dónde está la piscina?

Empfagschef: Guten Tag. Sie wünschen?
Pablo: Guten Tag, wir haben ein Doppelzimmer mit Bad vom 15. bis 30. September reserviert.
Empfagschef: Ihren Namen, bitte?
Pablo: Herr und Frau Domínguez.
Empfagschef: Ah, ja, hier ist es. Ein Doppelzimmer mit Bad. Zimmernummer 15.
Pablo: Wann und wo kann man frühstücken?
Empfagschef: Das Frühstück ist von 7:00 bis 10:00 im Speisesaal, hier rechts, neben der Bar.
Pablo: Und wo ist das Schwimmbad?

Recepcionista: Aquí a la izquierda. Puede ver la piscina a través de la ventana.
Pablo: ¿También tienen una caja fuerte?
Recepcionista: Sí, pueden guardar sus cosas de valor si lo desean. ¿Tienen mucho equipaje?
Pablo: No, no, solo dos maletas. Muy bien, ¿dónde está la habitación?
Recepcionista: En el primer piso, pueden subir con el ascensor o subir las escaleras, aquí mismo, al lado de la recepción.
Pablo: Vale, gracias.
Recepcionista: ¿Puede rellenar esta ficha de inscripción, por favor?
Pablo: Sí, claro... Aquí está.
Recepcionista: Tenga la llave.

Empfagschef: Hier links. Sie können das Schwimmbad durch das Fenster sehen.
Pablo: Haben Sie auch einen Safe?
Empfagschef: Ja, wenn Sie wünschen, können Sie dort Ihre Wertsachen aufbewahren. Haben Sie viel Gepäck?
Pablo: Nein, nein, nur zwei Koffer. Sehr gut, wo ist das Zimmer?
Empfagschef: Im ersten Stock. Sie können mit dem Fahrstuhl fahren oder die Treppe hinaufgehen, gleich hier neben der Rezeption.
Pablo: Gut, danke.
Empfagschef: Können Sie bitte dieses Anmeldeformular ausfüllen?
Pablo: Ja, klar ... Hier bitte sehr.
Empfagschef: Hier haben Sie den Schlüssel.

2 TR35 10 Übung 12

1. Ella se está peinando.
2. Él se está afeitando.
3. Ella se está secando el pelo.
4. Ella se está lavando las manos.
5. Ella se está echando desodorante.
6. Ella se está lavando los dientes.

2 TR 41 11 Übung 8

Entrevistador: Hola buenos días, señor Torres.
Sr. Torres: Buenos días.
Entrevistador: Hoy vamos a entrevistar al investigador Hugo Torres. En 2006 Hugo Torres hizo un viaje a Latinoamérica para hacer un informe sobre la situación de la Amazonía. ¿Es cierto que su viaje duró 4 meses?
Sr. Torres: Bueno, estuve tres meses en la selva y el último mes estudié los datos en el laboratorio de Bogotá.
Entrevistador: ¿Cuáles fueron sus impresiones de la situación en la Selva Amazónica? ¿Es cierto que hay muchas zonas con grandes problemas medioambientales?
Sr. Torres: Sí, es cierto. Un gran problema es la tala de los árboles y otro gran problema es la extinción de especies protegidas.
Entrevistador: ¿Tienen estos problemas alguna solución?
Sr. Torres: Bueno, la situación es muy complicada, el gobierno no ha controlado hasta ahora las normativas y la selva ha sufrido cada vez más.

Interviewer: Hallo, guten Morgen, Herr Torres.
Herr Torres: Guten Morgen.
Interviewer: Heute werden wir den Forscher Hugo Torres interviewen. Hugo Torres machte 2006 eine Reise nach Lateinamerika, um einen Bericht über die Lage des Regenwaldes am Amazonas zu machen. Stimmt es, dass Ihre Reise 4 Monate dauerte?
Herr Torres: Nun ja, ich war 3 Monate im Regelwald, und im letzten Monat untersuchte ich die Daten im Labor in Bogotá.
Interviewer: Welche waren Ihre Eindrücke über den amazonischen Regenwald? Ist er wahr, dass es zahlreiche Regionen mit großen Umweltproblemen gibt?
Herr Torres: Ja, es ist wahr. Ein großes Problem ist das Fällen der Bäume und ein anderes großes Problem ist das Aussterben von geschützten Tierarten.
Interviewer: Haben diese Probleme irgendeine Lösung?
Herr Torres: Nun ja, die Lage ist äußerst komplex. Die Regierung hat noch nie zuvor die gesetzlichen Regelungen überwacht, und der Regenwald hat immer mehr darunter gelitten.

Entrevistador: ¿Cuáles son los resultados de su estudio? ¿Ha llegado a una conclusión?

Sr. Torres: Los resultados son conocidos. La Amazonía está en peligro y los gobiernos dependen de la economía mundial, la población es muy pobre en esa zona. Una solución es muy difícil sin ayuda exterior.

Entrevistador: Los problemas medioambientales seguirán existiendo si no se mejora la situación económica de la población y si no hay controles más duros. ¿Es cierto?

Sr. Torres: Sí, así es.

Entrevistador: Muchas gracias, señor Torres, por esta entrevista tan interesante.

Interviewer: Welche sind die Ergebnisse Ihrer Forschung? Kamen Sie zu einer Schlussfolgerung?

Herr Torres: Die Ergebnisse sind schon bekannt. Der Regenwald am Amazones ist in Gefahr, und die Regierungen sind von der Weltwirtschaft abhängig. Die Bevölkerung in jener Region ist sehr arm. Eine Lösung ist sehr schwiering ohne ausländische Hilfe.

Interviewer: Die Umweltprobleme werden weiter bestehen, solange sich die wirtschaftliche Lage der Bevölkerung nicht bessert, und es keine härtere Überwachung gibt, nicht wahr?

Herr Torres: Ja, so ist es.

Interviewer: Vielen Dank für das interessante Interview, Herr Torres.

2 TR47 12 Übung 1

¡Cómo ha cambiado todo! En mis tiempos, cuando yo era joven, la vida era muy distinta. No había Internet, ni ordenadores, ni móviles, ni siquiera televisión. Recuerdo que nos sentábamos alrededor de la radio y escuchábamos los programas de música. A mí me gustaba mucho bailar, me divertía mucho.

Wie sich alles geändert hat! Zu meiner Zeit, als ich jung war, war das Leben ganz anders. Es gab kein Internet, keine Computer, keine Handys, nicht mal Fernseher. Ich erinnere, dass wir alle um das Radiogerät saßen und die Musiksendungen hörten. Ich tanzte sehr gern, ich hatte viel Spaß.

Todos los sábados la familia se reunía y comíamos juntos. Mi madre cocinaba una paella riquísima. Por la tarde me arreglaba y me iba al baile con mi hermano. Una mujer no podía salir sola, como hoy en día. Me gustaba mucho bailar tangos, tenía muchos admiradores. Fue allí donde conocí a tu abuelo y me enamoré de él, ¡era tan guapo!

Die Familie versammelte sich jeden Samstag, und wir aßen alle zusammen. Meine Mutter kochte eine sehr leckere Paella. Am Abend machte ich mich zurecht und ging mit meinem Bruder tanzen. Eine Frau konnte damals nicht allein ausgehen, im Gegensatz zu Heute. Ich tanzte sehr gern Tango, ich hatte viele Bewunderer. Dort lernte ich deinen Großvater kennen und verliebte mich in ihn. Er war so hübsch!

2 TR49 12 Übung 3

1. ¿Para qué sirve un eme-pe-tres?
2. ¿Para qué sirve un móvil?
3. ¿Para qué sirve un reproductor de de-uve-de?

2 TR57 Entspannungstag 4 Übung 3

1. escribir
2. decir
3. saber
4. recordar
5. llover
6. leer
7. trabajar
8. tener
9. reunir
10. ir

2 TR58 Entspannungstag 4 Übung 4

Katalanisch: Adéu!
Baskisch: Agur!
Galicisch: Adeus!

1

Übung 1
1. Me llamo; **2.** usted/ Ud.;
3. es; **4.** estás

Übung 2
1c; 2a; 3b; 4a

Übung 3
Saludos: a, b, f
Despedidas: c, d, e, g, h

Übung 7
1. 984773; **2.** 645736;
3. 735378; **4.** 177620;
5. 418237; **6.** 598734;
7. 301278; **8.** 681294

Übung 8
Ana: en Granada; es profesora; en la escuela
Francisco: en Barcelona; es médico; en el Hospital Santa María
Pablo: en Barcelona; es recepcionista; en el Hotel Colón
Ester: ---; es ama de casa; en casa
Esteban: en Hamburgo; es futbolista; ---

Übung 9
yo trabajo; tú trabajas; él/ ella/ Ud. trabaja
yo vivo; tú vives; él/ ella/ Ud. vive

Übung 10
1e; 2b; 3d; 4a; 5c; 6g; 7h; 8f

Übung 11
1d: La azafata trabaja en el aeropuerto.
2c: La enfermera trabaja en el hospital.
3a: El profesor trabaja en la escuela.
4b: El recepcionista trabaja en el hotel.

Übung 12
el farmacéutico; la farmacéutica;
el camarero; la camarera;
la dependienta; las enfermeras;
los profesores; las profesoras;
los dependientes; las dependientas

Übung 14
1. español, España; **2.** cero, azafata
3. Esteban, hospital; **4.** Barcelona, perro
5. cuatro, cartero; **6.** trabajar, hijo

Übung 15
1. trabajar; **2.** médico;
3. recepcionista; **4.** vivir;
5. México; **6.** profesor;
7. avión; **8.** peluquero

2

Übung 1
1. Éste es...; **2.** Ésta es...;
3. Mucho gusto; encantado/a; es un placer

Übung 2
1e; 2c; 3b; 4a; 5f

Übung 3
mis hijos; tus hijas;
su tío; sus hijas;
nuestros hijos;
vuestra hija; vuestras hijas;
su tío; sus hijas

Übung 4
m Sing.: éste; m Pl.: éstos;
f Sing.: ésta; f Pl.: éstas

Übung 5
1c; 2a; 3d; 5e

Übung 6
1c; 2a; 3b; 4b; 5c; 6a

Übung 7
1c; 2f; 3g; 4a; 5e; 6d; 7b

Übung 8
1b; 2c; 3a

Übung 9
1. simpáticos; **2.** elegante;
3. serio; **4.** nerviosos; **5.** divertidas

Übung 10
Querida Juana:
Éste es Luis, mi nuevo amigo español. Es un chico muy original y muy guapo. Es moreno, tiene el pelo rizado y no lleva barba. Tiene los ojos oscuros, muy bonitos. Es un poco serio y muy elegante.
¡Hasta pronto!
Teresa

Übung 11
Richtig: 436521

3

Übung 1
verdadera: 2, 5
falsa: 1, 3, 4

Übung 2
1c; 2c; 3b; 4c; 5a; 6a

Übung 3
12: doce; 13: trece;
17: diecisiete; 18: dieciocho;
19: diecinueve; 24: veinticuatro;
26: veintiséis; 29: veintinueve;
33: treinta y tres; 37: treinta y siete;
39: treinta y nueve; 61: sesenta y uno;
70: setenta; 82: ochenta y dos;
96: noventa y seis

Übung 4
1. 8:45 (ocho cuarenta y cinco)
2. 10:20 (diez veinte)
3. 20:15 (veinte quince)
4. 16:54 (dieciséis cincuenta y cuatro)
5. 9:30 (nueve treinta)

Übung 5
1e; 2c; 3a; 4b; 5d

Übung 6
Me levanto normalmente a las siete de la mañana y me ducho. Luego desayuno y me voy al trabajo a las ocho y media en autobús. A la una del mediodía descanso una hora para comer. Por las tardes tomo algo con un amigo en un bar. Normalmente me acuesto a las once de la noche.

Übung 7
1. ¿Tienes ganas de ir al cine el viernes?
2. ¿Por qué no tomamos una copa?
5. Vale, de acuerdo.
6. ¡Muy bien! / ¡Perfecto!

Übung 8
1c; 2b; 3c; 4a

Übung 12
1. despierto; **2.** Empiezo;
3. Almuerzo; **4.** tiene

Übung 14
1. gusto; **2.** ajo; **3.** jota;
4. mago; **5.** hijo

Übung 15

1. juego; **4.** pájaro;
2. guerra; **5.** jazmín
3. gato; **6.** guitarra

Entspannungstag 1

Übung 1

nombre: Gerardo; nacionalidad: española; apellidos: Boira Martínez; lugar de nacimiento: Granada; fecha de nacimiento: 25 de enero de 1974; color de ojos: azul; dirección: Avda. República 10, 4º 1ª

Übung 3

1. Francia, Italia, Suiza;
2. Alemania, Polonia;
3. Holanda, Austria, Suecia;
3. Dinamarca, España

Übung 4

P	A	P	R	M	I	M
H	E	R	M	A	N	A
I	E	I	N	D	T	R
J	E	M	S	R	A	I
A	M	A	I	E	G	D
O	S	P	R	I	M	O

A la boda de Lucía y Miguel han sido invitados sus parientes y sus amigos.

4

Übung 1

1c; 2f; 3d; 4b; 5a; 6e

Übung 2

1b; 2d; 3e; 4c; 5a

Übung 3

1. está; **2.** hay; **3.** están

Übung 4

1b; 2c; 3d; 4a; 5f; 6e

Übung 6

1. sigue; **2.** vamos; **3.** viene;
4. voy; **5.** seguir

Übung 7

Sí, usted tiene que seguir todo recto y en la primera calle torcer a la izquierda. Tiene que pasar la Plaza Mayor y, después de la plaza, tiene que torcer a la derecha. Usted sigue todo recto, allí está el Hotel Reconquista.

Übung 8

Yo voy al cine a las seis de la tarde. A esa hora tú vienes del trabajo.

Übung 9

1b; 2e; 3a; 4c; 5d

Übung 10

2, 1, 5, 3, 4

Übung 12

1. Begoña va al trabajo en moto(cicleta).
2. Eva y Toni van a Madrid en avión.
3. Vosotros vais a Barcelona en tren.
4. Tú vas al centro de la ciudad en autobús.
5. Nosotros vamos desde París hasta Madrid en coche.
6. Al aeropuerto siempre voy en taxi.

Übung 13

medios de transporte: b, d, e, h, i
sitios de la ciudad: a, c, f, g, j

Übung 15
1. trece; **2.** vaga; **3.** viste; **4.** cucaracha

Übung 16
1. Tiene que tomar la primera calle a la izquierda.
2. Hay que seguir todo recto.
3. Tienes que ir en coche.
4. Tienes que pasar la iglesia.
5. El cine está a la izquierda de la plaza.

5

Übung 1
Juan: 1d; 2f; 3h; 4a
Nieves: 1g; 2i; 3c, e; 4b

Übung 2
1a; 2b; 3a; 4a

Übung 3
1. Me gusta el pescado pero prefiero carne.
2. Nos gusta el vino pero hoy preferimos beber agua.

Übung 6
1b; 2c; 3a

Übung 7
1. El café está amargo. No me gusta./ Me gusta.
2. El pescado está picante. Me gusta, está riquísimo./ No me gusta nada.
3. El helado está frío y no me gusta./ Me gusta mucho.

Übung 8
1. apetece; **2.** quieres

Übung 9
verdadera: 2, 6
falsa: 1, 3, 4, 5

Übung 10
1c; 2a; 3h; 4e; 5g; 6f; 7b; 8d

Übung 11
1b; 2d; 3a; 4c

Übung 12
1g; 2b; 3a; 4h; 5c; 6d; 7e; 8f

6

Übung 1
1b; 2c; 3a; 4a

Übung 3
1e, b; 2f; 3c, g; 4d; 5a

Übung 4
1b; 2a; 3c; 4a

Übung 6
1c; 2e; 3b; 4a; 5d; 6f

Übung 7
1b; 2d; 3e; 4a; 5c

Übung 8
Zum Verkauf: im 4. Stockwerk, neu, in Benicasim, 80 m2 Wohnfläche;
3 Zimmer, 1 Badezimmer,
Garage, Terrasse.
Unmöbiliert.
Mit Blick aufs Meer
(500 m vom Strand entfernt),
ruhige Lage.
Kaufpreis: Nach Vereinbarung.

Zum Verkauf: Appartement in Almazora, 2. Stockwerk ohne Aufzug, 65 m2, 1 Schlafzimmer, 1 Badezimmer (renoviert) mit Dusche,
große Terrasse, direkt am Strand.
Möbiliert.
Kaufpreis: Nach Vereinbarung.

verdadera: 2, 5
falsa: 1, 3, 4, 6

Übung 10
1c; 2a; 3b; 4a

Übung 11
1c; 2d; 3a; 4b

Übung 14
1. España; **2.** cana
3. Nina; **4.** campana

Entspannungstag 2

Übung 1
4: cuatro; 6: seis; 5: cinco;
10: diez; 20: veinte; 7: siete;
11: once; 3: tres
Claudia va al 4° piso, donde vive Miguel, con el ascensor.

Übung 2
Derjenige, der wenig Kokosnuss isst, kauft wenig Kokosnuss;
Derjenige, der sich mit wenig Umhang bedeckt, kauft sich wenige Umhänge;
Weil ich wenig Kokosnuss esse, kaufe ich wenig Kokosnuss;
und weil ich mich mit wenig Umhang bedecke, kaufe ich mir wenige Umhänge.

7

Übung 1
Valencia, 2. Mai 2007

Liebe Lola,

Überraschung! Heute ist der 4. Mai, dein Geburtstag! Wie schnell die Zeit vergeht! Wie alt wirst du? Ja, 30. Du bist schon 30 Jahre alt, meine Freundin. Wir werden alle alt!
Es ist das erste Jahr, dass du nicht hier bist, um gemeinsam deinen Geburtstag zu feiern, aber wir denken noch oft an dich. Wir werden eine Geburtstagstorte kaufen und auf dich anstoßen.
All deine Freunde wünschen dir noch ein erfolgreiches Jahr in Berlin. Wir vermissen dich! Komm bald zurück! Herzliche Glückwünsche!

Hab einen schönen Tag!
Ein Kuss, Pablo und Ana

Herzlichen Glückwunsch zum Geburtstag!
Wir umarmen dich, Carmen und Berta

Übung 4
1. enero; **2.** abril; **3.** febrero;
4. julio; **5.** marzo; **6.** octubre;
7. diciembre

Übung 5
1b; 2a; 3b; 4a

Übung 6
1f: va a escribir; 2b: van a comprar;
3g: van a estar; 4d: va a llamar;
5a: voy a hacer; 6c: van a ir;
7e: va a tener

Übung 7

1. ¿Quién va a escribir una felicitación?
2. ¿Quiénes van a comprar el regalo?
3. ¿Quiénes no van a estar en la fiesta?
4. ¿Quién va a llamar por teléfono?
5. ¿Quién va a hacer una tarta de cumpleaños?
6. ¿Quiénes van a ir a la fiesta?
7. ¿Quién va a tener una sorpresa muy grande?

Übung 8

1. No lo saben, no tienen ningún plan todavía.
2. En Beceite se pueden hacer muchas actividades y deportes como escalada, senderismo y piragüismo.

Übung 9

1d; 2b; 3c; 4f; 5a; 6e

Übung 10

1d; 2a; 3c; 4b

Übung 11

1. Beceite es un pueblo muy bonito.
2. La ciudad no tiene bastante naturaleza.
3. Yo tengo un poco de miedo a las alturas.
4. Nos gusta mucho hacer deporte.

Übung 12

1. Este fin de semana me gustaría salir a cenar e ir al cine.
2. (A mí) me apetecería viajar a México o a Suramérica.
3. Yo quería bucear y hacer senderismo.

Übung 14

1. pingüino; **2.** portugués; **3.** águila; **4.** vergüenza; **5.** ungüento; **6.** guerrilla; **7.** ceguera; **8.** ambigüedad; **9.** ambiguo

8

Übung 1

1b; 2c; 3c; 4a

Übung 2

a8; b1; c7; d2; e4; f6; g10; h9; i5; j3

Übung 3

1b; 2d; 3e; 4a; 5c

Übung 4

1a; 2c; 3b; 4a; 5b; 6a

Übung 5

1f; 2c; 3g; 4a; 5d; 6e, b

Übung 7

Wie geht es Dir, Sofie?

Es tut mir leid, Dich heute nicht begleiten zu können. Ich muss arbeiten, obwohl Wochenende ist. Aber Du hast Glück, heute am Sonntag findet ein Flohmarkt in Barrio Viejo statt, Du solltest hingehen.
Dort kannst Du gebrauchte Kleidung und vor allem Bücher finden. Es ist besser, dass Du morgens hingehst, am Abend, glaube ich, ist es ein wenig gefährlich. Das Beste ist außerdem, dass die Geschäfte und Einkaufszentren heute bis sechs Uhr abends geöffnet haben. Es ist Schlussverkauf. An deiner Stelle würde ich einkaufen, bis ich müde werde!

Küsse und bis bald,
Pedro

1. tiene; **2.** peligroso;
3. mejor; **4.** en su lugar

Übung 8

1e; 2f; 3b; 4c; 5d; 6a

Übung 9

2. os; **3.** le; **4.** les; **5.** te; **6.** nos

Übung 11

1. Es importante dormir al menos ocho horas cada noche.
2. Es mejor ducharse por la mañana.
3. Tendría usted que comer más fruta.
4. Yo, en tu lugar, haría más deporte.

Übung 13

1d; 2b; 3a; 4c

9

Übung 2

a7; b5; c1; d2; e6; f8; g4; h3; i10; j9

Übung 3

1a; 2b; 3a; 4c; 5b; 6c

Übung 4

1e; 2a; 3b; 4c; 5d

Übung 5

1. María Luisa tiene tos. Lo mejor es ir al médico.
2. María Luisa tiene dolor de estómago. Tiene que beber mucho líquido y no comer grasas.
3. María Luisa estornuda, tiene un catarro. Lo mejor es guardar cama.
4. María Luisa tiene dolor de muelas. Tiene que ir al dentista.

Übung 6

1. Coma; **2.** Relájate, acuéstate;
3. No comáis, tomad;
4. Visita, no bebas;
5. Acuéstense, no lean;
6. Tómate; **7.** Vivid; **8.** Relájate;
9. No beban; **10.** Quítate, pruébate

Übung 7

Schwacher Regen an der Atlantikküste. Es besteht Schneegefahr in den Hochlagen der Pyrenäen. In den zentralen Regionen und in Katalonien wird es leicht bewölkt bis bewölkt sein. Es wird ein starker Ostwind wehen, noch stärker an der Mittelmeerküste. Sollte der Wind nachlassen, werden die Höchsttemperaturen steigen. Auf den Balearen wird es zwischenzeitlich bewölkt sein. In Andalusien wird es sonniges Wetter geben.

verdadera: 2, 3
falsa: 1, 4, 5

Übung 8

1h; 2c; 3g; 4b; 5e; 6f; 7a; 8d

Übung 9

1. fuertemente; **2.** débilmente;
3. lentamente; **4.** ligeramente

Übung 10

soplaré, soplará, soplaréis, soplarán;
comeré, comerás, comeremos, comeréis;
vivirás, vivirá, viviremos, vivirán

Übung 11

1. Si hace buen tiempo, iremos de compras.
2. Si llueve, voy al teatro.
3. Si nieva, relájate en casa.

Entspannungstag 3

Übung 1

R	O	J	O	F	R	A	N	C	B	L	N
A	P	A	V	E	R	D	E	J	A	L	A
M	N	P	E	B	L	U	Z	A	T	S	O
A	L	B	L	A	N	C	O	F	R	E	T
R	I	S	A	M	A	P	E	D	R	I	S
I	C	M	L	O	A	E	A	N	P	X	N
L	I	L	A	R	A	R	T	E	P	O	E
L	L	A	R	O	N	R	N	I	G	R	G
O	N	E	G	R	J	A	O	G	E	S	R
S	M	E	Z	L	A	L	T	N	P	E	O

Übung 2

1. falda; **2.** abrigo; **3.** blusa;
4. vestido; **5.** zapatos; **6.** pantalón

María Luisa vuela a Ibiza.

Übung 3

1. cabeza; **2.** dedos del pie; **3.** pie;
4. mano; **5.** brazo; **6.** ojo;
7. nariz; **8.** pierna; **9.** boca;
10. dedos

Übung 4

1c; 2a; 3b; 4d

10

Übung 1

verdadera: 3, 5
falsa: 1, 2, 4

Übung 3

¿Tendrían una habitación doble con cama de matrimonio libre del 10 al 20 de septiembre? ¿Es todavía temporada alta? También me gustaría saber si el desayuno está incluido en el precio. ¿Cuál es el precio por la estancia a media pensión?
Gracias y un saludo,
Susana Montero

Übung 4

1. ha; **2.** he; **3.** Ha; **4.** hemos; **5.** habéis

Übung 5

1. comido; **2.** desayunado;
3. reservado; **4.** ido;
5. subido; **6.** podido

1. Konjugation: -ado;
2. und 3. Konjugation: -ido

Übung 6

1a; 2c; 3a; 4b

Übung 7

2. Normalmente Felipe come en el bar, hoy ha comido en casa.
3. Normalmente Felipe compra carne, hoy ha comprado fruta.
4. Normalmente Lucía y Felipe van al cine, hoy han ido al teatro.

Übung 8

Carmen möchte mit Pedro ausgehen, um das Nachleben in Lanzarote kennen zu lernen. Deswegen macht sie sich hübsch. Nachdem sie sich geduscht und die Zähne geputzt hat, hat sie sich die Haare gewaschen und geföhnt. Es ist sehr wichtig für sie, elegant zu sein, deswegen hat sie sich ein neues Kleid im Geschäft des Hotels gekauft. Gerade macht sie sich zurecht: sie wird sich anziehen, und anschließend wird sie sich weiter schminken. Nach dem sie sich parfümiert hat, wird es ungefähr elf

Uhr sein. Um die Uhrzeit sollte Pedro sie abholen. Sie werden sich sicher bestens amüsieren!

1. Porque quiere salir a conocer la noche de Lanzarote con Pedro.
2. Carmen se ha lavado y se ha arreglado el pelo.
3. Porque es muy importante para ella estar elegante.
4. Pedro irá a buscarla a las once de la noche.

Übung 9
1b; 2a; 3b; 4b; 5a; 6b

Übung 10
1. Me ducho y me lavo el pelo.
2. Me lavo los dientes todos los días/ a diario.
3. Ella se maquilla y se perfuma.
4. Él se afeita y se echa desodorante.

Übung 11
1. lavando; **2.** conociendo;
3. sufriendo; **4.** secando

11

Übung 1
Der globale Klimawechsel der Erde ist eine Tatsache. Der Umweltschutz ist nötig für die (Erhaltung der) Lebensqualität. Die Hauptprobleme der Umwelt in Spanien sind die Umweltverschmutzung, das Aussterben einiger Pflanzen- und Tierarten und die Entwaldung. Es passieren ständig ökologische Katastrophen, wie Waldbrände im Sommer und die Ölpesten. Man erinnert sich noch an die Katastrophe des *Prestige* vor der Küste Galiciens. Am 13. November 2002 erlitt das Schiff *Prestige* einen Unfall vor der galicischen Küste. Es zerbrach in zwei Stücke und ging mit mehr als 60 000 Tonnen Erdöl in den Tanks unter, was eine Ölpest entlang der ganzen Küste auslöste. Es war ein großes Unglück und Spanien leidet heute noch an den Folgen. Aus all diesen Gründe ist man im Land sensibilisiert und Maßnahmen werden ergriffen. Der Abfall wird bereits im ganzen Staat recyclet.

Übung 2
verdadera: 2, 3, 4
falsa: 1, 5, 6, 7

Übung 3
1e; 2f; 3b; 4c; 5d; 6h; 7a; 8g

Übung 4
1d; 2a; 3b; 4c; 5h; 6f; 7e; 8i; 9g

Übung 5
1. La deforestación se sufre en el país./ En el país se sufre la deforestación.
2. Uno se preocupa por el medio ambiente.
3. Se repite que la protección del medio ambiente es importante.

Übung 6
1. sufrió; **2.** reciclamos;
3. se rompió; **4.** provocaste

Übung 7
1. fue, fue; **2.** compré, volví;
3. preparé, usé; **4.** nos fuimos, dormimos

Übung 8
1. Su viaje duró cuatro meses.

2. Un gran problema es la tala de árboles y otro gran problema es la extinción de especies protegidas.
3. Porque el gobierno no ha controlado las normativas.
4. La Amazonía está en peligro y los gobiernos dependen de la economía mundial.
5. Se tiene que mejorar la situación económica de la población.

Übung 9
a7; b3; c6; d2; e1; f4; g8; h5

Übung 11
tú -aste, -iste;
él/ Ud. -o, -ió;
nosotros -amos, -imos;
vosotros -asteis, -isteis;
ellos/ Uds. -aron, -ieron

Übung 12
1. visité; **2.** he viajado;
3. llegó; **4.** he levantado
5. tuve; **6.** he ido

Übung 13
1c; 2a; 3b; 4d; 5f; 6e

Übung 14
1. ¿La situación actual del medio ambiente es muy complicada?
2. Hay una solución para todos los problemas.
3. ¿Llegó el *Prestige* a las costas de Galicia?
4. ¿El Amazonas está al norte de Latinoamérica?
5. El barco se rompió.

12

Übung 1
1b; 2d; 3f; 4g; 5c; 6e; 7a

Übung 2
1h; 2d; 3a; 4e; 5g; 6b; 7c; 8f; 9i

Übung 3
1b; 2a; 3b

Übung 5
1. eras; **2.** había; **3.** pasaba;
4. leíais; **5.** iba; **6.** veías;
7. viajábamos; **8.** se divertía

Übung 6
1. Yo solía ir de excursión, cuando era niño./ Cuando era niño, yo solía ir de excursión.
2. Él solía leer muchos libros, ahora no.
3. Antes no había tantos ordenadores portátiles.

Übung 7
1b; 2a; 3c; 4a; 5b; 6a

Übung 8
Spanien ist ein Vielvölkerstaat, indem, mehr oder weniger friedlich, verschiedene Kulturen zusammenleben. Die Amtsprachen sind Kastilisch, auch Spanisch genannt, Baskisch, Katalanisch und Galicisch. Die Geschichte Spaniens, so wie die anderer Länder, ist nicht einfach gewesen. Das Land hat Kriege durchgemacht und friedliche Zeiten erlebt.
Das Land erlebte eine politische Dekadenzzeit und eine Blüte in der Kunst und Literatur vom 16. bis zum 17. Jahrhundert. Zum Beispiel schrieb Miguel de

Cervantes 1605 eines der berühmtesten spanischen Bücher, Don Quijote.
Eine finstere Zeit für die Kultur und Politik Spaniens war der Bürgerkrieg (1936-39) und die darauf folgende Diktatur Francos bis 1975. Wir alle hatten einen Großvater, der sich daran erinnerte. Seit Jahrzehnten jedoch blickt Spanien in die Zukunft und hat sich in die Europäische Gemeinschaft integriert. Die Mehrheit der Bevölkerung wird weiterhin für ein besseres Land arbeiten.

Übung 9

verdadera: 1, 4
falsa: 2, 3, 5

Übung 10

Präsens: es, conviven, son, mira;
Perfekt: ha sido, ha pasado, hemos tenido;
Indefinido: tuvo, escribió, fue, se integró;
Imperfekt: recordaba; Futur: seguirá

Übung 12

1. tenía, fue; **2.** salía, empezó;
3. visitó, viajó; **4.** era, iba

Übung 13

Recuerdo el viaje a Londres con María Luisa. El tiempo fue malo, llovía todo el día. Fuimos al teatro, aunque antes no me gustaba. También visitamos muchos museos. Lo pasamo muy bien. He decidido que viajaré más en el futuro.

Übung 15

1. llave; **2.** loro; **4.** llavero; **5.** ele

Übung 16

1. ¿Has llamado hoy a María?
2. Alberto y Eva viajaron a Mallorca y comieron paella.
3. El castellano no es la única lengua oficial.
4. Juan llegó ayer tarde del trabajo.
5. Llovió todo el domingo.
6. Las llaves estaban sobre la mesa.

Entspannungstag 4

Übung 1

¡	L	A	N	M	A	T	C	U
P	E	R	R	O	S	R	A	L
F	A	L	E	N	Z	A	B	A
L	E	S	E	T	A	S	A	G
O	D	E	T	A	O	D	L	O
R	O	S	R	Ñ	E	S	L	P
E	E	T	A	A	R	B	O	L
S	L	P	E	C	E	S	A	!

¡La naturaleza es de todos, respétala!

Übung 2

caballo; recordar; política; castellano

Übung 3

1. escribía; **2.** decía;
3. sabía; **4.** recordaba;
5. llovía; **6.** leía; **7.** trabajaba;
8. tenía; **9.** reunía; **10.** iba

Lösungen der Grammatikübungen

Übung 1
1. el; 2. el, los; 3. la, las; 4. el, los; 5. la, las; 6. los; 7. la; 8. el, los

Übung 2
1b; 2a; 3a; 4a; 5a; 6b; 7b; 8b

Übung 3
1. -or; 2. -a; 3. -os, -as; 4. -o, -a; 5. -as; 6. -o

Übung 4
weiblich: a, c, d, f, i
männlich: b, e, g, h, j

Übung 5
1. turista; 2. caballo; 3. hombre; 4. doctora

Übung 6
1. lunes; 2. cruces; 3. cuñadas; 4. bueyes; 5. lobbys; 6. profesiones; 7. sacapuntas; 8. ajíes

Übung 7
1c; 2b; 3d; 4e; 5a

Übung 8
1. pobre; 2. débil; 3. bonito; 4. amable; 5. grande

Übung 9
1b; 2a; 3c; 4c

Übung 10
1. El chico belga y la chica francesa son guapos.
2. Las mujeres no son débiles.
3. El viejo libro está escondido en la biblioteca.
4. Ella es una gran mujer.

Übung 11
1. iraquí; 2. belga; 3. española; 4. alemán, inglesa; 5. francés; 6. sueca

Übung 12
2. Ellos son ingleses.
3. Él es alemán.
4. Ella es francesa, pero él es iraquí.
5. Él es belga.
6. Ellos son italianos.

Übung 13
2. una casa antiquísima
3. un chico guapísimo
4. unos niños traviesísimos
5. unas manos grandísimas

Übung 14
1c; 2b; 3b; 4c

Übung 15
1. Pedro es igual de grande que Francisco.
2. La calle es tan larga como la avenida.
3. Mi piso es igual de luminoso que tu casa./ Mi casa es igual de luminosa que tu piso.

Übung 16
1b; 2b; 3c; 4b

Übung 17
2. el segundo coche
3. la casa cuarta
4. el piso diecisiete, la quinta puerta
5. la octava chica y el primer chico
6. el séptimo piso, la tercera puerta

Übung 18
1. raramente; 2. lentamente; 3. fácilmente; 4. difícilmente; 5. buenamente; 6. precipitadamente

Übung 19
1b; 2c; 3e; 4f; 5d; 6a

Übung 20
1. Ya; 2. temprano/ pronto; 3. Antiguamente; 4. Nunca/ Jamás; 5. casi nunca; 6. Anoche

Übung 21
1b; 2b; 3c

Übung 22
1. a, por; 2. de, a; 3. en; 4. para; 5. del; 6. a

Übung 23
1b; 2c; 3a

Übung 24
1. Él hace deporte a pesar de la edad./ A pesar de la edad, él hace deporte.
2. Ella es inocente según la ley./ Según la ley, ella es inocente.
3. Pedro estuvo en el hospital a causa de un accidente.

Übung 25
1a; 2c; 3b

Übung 26
1a; 2c; 3e; 4b; 5d

Übung 27
1ª conjugación: b, c, g
2ª conjugación: a, e, h
3ª conjugación: d, f, i

Übung 28
1. escribes; 2. trabajan; 3. bailo; 4. comemos, cocina; 5. leéis, compráis

Übung 29
1. pide; 2. quepo; 3. entiendes; 4. doy; 5. juega; 6. cuentan; 7. venzo; 8. huimos

Übung 30
tener: tiene, tienen
ir: voy, va, vais
querer: quieres, queremos, quieren
oír: oyes
ver: veo, ve, veis
poder: puedes, puede

Übung 31
ser: soy, somos, son
estar: estás, está, estáis

Übung 32
1. son; 2. está; 3. es, está; 4. es; 5. es; 6. estamos; 7. está; 8. son

Übung 33
1. está; 2. Hay; 3. están; 4. está; 5. Hay; 6. hay; 7. Hay, está; 8. Hay, están

Übung 34
ir: vas, vais, van

Übung 35
2. Nosotros vamos a celebrar una fiesta.
3. Ella va a cumplir 42 años.
4. Nosotros vamos a regresar pronto.
5. Felipe va a cocinar tortilla de patatas.
6. Vosotros vais a ir de excursión.

Übung 36
haber: habremos, habréis
poder: podrás, podrá, podréis, podrán
hacer: haré, hará, haremos, harán
decir: diré, dirás, diréis
poner: pondré, pondrá, pondremos
venir: vendrás, vendréis, vendrán

Übung 37
he, ha, habéis, han

Übung 38
1. hemos reservado; 2. ha trabajado; 3. Habéis desayunado; 4. he terminado; 5. Has ido; 6. he estado

Übung 39
1. hecho; 2. volver; 3. sentir; 4. muerto; 5. querido; 6. escribir; 7. comido; 8. subir; 9. visto; 10. abierto; 11. llover; 12. freír; 13. deshecho; 14. sentar

Übung 40
haber: hubimos
estar: estuvo, estuvimos, estuvieron
ser/ ir: fui, fuimos, fuisteis
decir: dijo, dijisteis
hacer: hiciste, hicieron
querer: quise, quisimos, quisisteis, quisieron

Übung 41
1a; 2b; 3a; 4a; 5a; 6b

Übung 42
1. dormíamos; 2. herías; 3. bebía; 4. volvían; 5. pedían; 6. decías; 7. leíamos; 8. podía

Übung 43
ver: veía, veía, veíais, veían
ser: era, eras, éramos, erais
ir: ibas, iba, iban

Übung 44
1. conocieron; 2. nadaba; 3. llovió; 4. He llevado; 5. era

Übung 45
2. ¡Id al médico!
3. ¡No comas mucha fruta!
4. ¡Tráigame la cuenta!
5. ¡No salgan ustedes de aquí!
6. ¡No vayamos a la puerta!
7. ¡Aféitate ahora!
8. ¡No hagáis lo que he dicho!

Übung 46
1. haciendo; 2. pudiendo; 3. sentir; 4. muriendo; 5. queriendo; 6. escribir; 7. viendo; 8. abriendo

Übung 47
1. (Yo) estoy leyendo; 2. estáis trabajando; 3. (Tú) continúas caminando; 4. estamos viendo; 5. está escribiendo

Übung 48
1a; 2c; 3b; 4a; 5b; 6a

Übung 49
1e; 2a; 3c; 4d; 5b

Übung 50
2. éste; 3. aquél; 4. ésa

Übung 51
1. La; 2. los; 3. la; 4. lo; 5. se, lo

Übung 52
1. -melo; 2. -tela; 3. -nosla; 4. -lo

Übung 53
1. te; 2. le; 3. le; 4. nos; 5. me

Übung 54
1c; 2c; 3b; 4a; 5b; 6a

Übung 55
1. ¿Cuánto cuesta un kilo de peras?
2. ¿Quiénes son ellos?
3. ¿Dónde vivís vosotros?/ ¿Dónde viven ustedes?
4. ¿Cómo te llamas?/ ¿Cómo se llama usted?
5. ¿De dónde vienes?/ ¿De dónde viene usted?
6. ¿Adónde querían ir esta tarde?
7. ¿Quién es el chico de los ojos azules?
8. ¿Cuántos pantalones y cuántas faldas tienes (tú)?/ ¿Cuántos pantalones y cuántas faldas tiene usted?

Übung 56
1d, e; 2a; 3c; 4b; 5g; 6f

Übung 57
1. En este hotel se habla inglés y alemán.
2. Una se maquilla todos los sábados.
3. Se venden bebidas frías.
4. En esta tienda se hacen zapatos a medida.

Übung 58
1. No, no me gusta el pescado.
2. No, no he ido de excursión a Beceite.
3. No, no me ducho nunca por la tarde.
4. No, no ha venido nadie.
5. No, ella no lo sabe y él tampoco.

Inhaltsübersicht Grammatik

§ 1 Der Artikel ... 147
§ 2 Das Substantiv ... 149
§ 3 Die Pluralbildung ... 150
§ 4 Das Adjektiv ... 152
§ 5 Die Nationalitätsadjektive ... 155
§ 6 Die Steigerung des Adjektivs ... 156
§ 7 Der Vergleich ... 157
§ 8 Die Ordnungszahlen ... 159
§ 9 Das Adverb ... 159
§ 10 Die Zeitangabe ... 162
§ 11 Die Präposition ... 163
§ 12 Die Lokalangabe ... 166
§ 13 Das Verb ... 168
§ 14 Präsens – Regelmäßige Verben ... 169
§ 15 Unregelmäßige Verben und Verben mit Unregelmäßigkeiten ... 170
§ 16 *Ser* und *estar* ... 172
§ 17 *Hay* und *estar* ... 174
§ 18 Die nahe Zukunft: *ir + a* ... 175
§ 19 Das Futur ... 176
§ 20 Das Perfekt ... 177
§ 21 Das Partizip Perfekt ... 179
§ 22 Das *Indefinido* ... 180
§ 23 Gegenüberstellungen von Perfekt und *Indefinido* ... 182
§ 24 Das Imperfekt ... 183
§ 25 Der Imperativ ... 185
§ 26 Die Verlaufsform ... 187
§ 27 Die Personalpronomen ... 189
§ 28 Die Demonstrativpronomen ... 190
§ 29 Personalpronomen als direktes und indirektes Objekt im Satz ... 191
§ 30 Verdoppelung des indirekten Pronomens ... 193
§ 31 Die Reflexivpronomen ... 194
§ 32 Die Interrogativpronomen ... 195
§ 33 Die Possessivpronomen ... 196
§ 34 Die unpersönliche Form ... 198
§ 35 Die Verneinung ... 199

§ 1 Der Artikel

Man unterscheidet im Spanischen zwischen dem bestimmten (**determinado**) und dem unbestimmten (**indeterminado**) Artikel. Es gibt nur männliche und weibliche Artikel, keine sachliche Form (Neutrum).
In der Regel werden die bestimmten Artikel bei Begriffen verwendet, die schon zuvor erwähnt wurden oder bei denen der Sprecher schon weiß, um was es sich handelt. Die unbestimmten Artikel hingegen werden bei Begriffen verwendet, die noch nicht erwähnt wurden oder bei denen es sich um eine beliebige Person oder einen beliebigen Gegenstand handelt.

		bestimmter Artikel		unbestimmter Artikel	
Singular	männlich	**el**	trabajo	**un**	trabajo
	weiblich	**la**	señora	**una**	señora
Plural	männlich	**los**	trabajos	**unos**	trabajos
	weiblich	**las**	señoras	**unas**	señoras

Wenn ein weibliches Substantiv mit einem betonten **a-** oder **ha-** anfängt, wird es anstatt des weiblichen Artikels **la**/ **una** vom männlichen **el**/ **un** begleitet, das Wort bleibt aber weiblich. Dies dient lediglich dazu, beim Sprechen den bestimmten Artikel vom Substantiv zu unterscheiden:
el agua, las aguas (*das Wasser, die Gewässer*)
un ala, unas alas (*ein Flügel, einige Flügel*)
el haya, las hayas (*die Buche, die Buchen*)
un haya, unas hayas (*eine Buche, einige Buchen*)

Die Präpositionen **a** und **de** werden mit dem bestimmten, männlichen Artikel des Singulars zusammengezogen.
a + **el** = **al** **Voy al trabajo.** (*Ich gehe zur Arbeit.*)
de + **el** = **del** **Viene del trabajo.** (*Er/ Sie kommt von der Arbeit.*)

Der unbestimmte Artikel hat auch eine Pluralform, die eine unbestimmte Menge angibt. Der Artikel kann jedoch auch weggelassen werden.
Tengo (unos) buenos amigos en Madrid. (*Ich habe (einige) gute Freunde in Madrid.*)

Unos und **unas** entspricht dem deutschen *manche, einige;* zusammen mit Zahlen und Mengenangaben kann der unbestimmte Artikel im Plural auch die Bedeutung von *etwa, circa, ungefähr* haben.

Tengo unos libros muy buenos. (*Ich habe (ein paar) sehr gute Bücher.*)
Tengo unos cien libros en casa. (*Ich habe ungefähr hundert Bücher zu Hause.*)

1

Schreiben Sie die richtigen bestimmten Artikel in die Lücken.

1. ______ día — __los__ días
2. ______ niño — ______ niños
3. ______ chica — ______ chicas
4. ______ saludo — ______ saludos
5. ______ despedida — ______ despedidas
6. __el__ país — ______ países
7. ______ nacionalidad — __las__ nacionalidades
8. ______ número — ______ números

2

Kreuzen Sie den richtigen Artikel an.

1. … trabajo
   - a. de la
   - b. del
2. … hija
   - a. una
   - b. un
3. … hacha (*Axt*)
   - a. el
   - b. la
4. … chico
   - a. un
   - b. una
5. … despacho (*Büro*)
   - a. al
   - b. a el
6. … ala
   - a. la
   - b. el
7. … libros
   - a. unas
   - b. unos
8. … casa (*Haus*)
   - a. del
   - b. de la

§ 2 Das Substantiv

Die spanischen Substantive sind entweder männlich (**masculino**) oder weiblich (**femenino**).

	männlich		weiblich	
Singular	el	amig**o**	un	amig**o**
	la	amig**a**	una	amig**a**
Plural	los	amig**os**	unos	amig**os**
	las	amig**as**	unas	amig**as**

Beim Geschlecht der Substantive gilt im Allgemeinen:

- Bei Menschen entspricht das Geschlecht des Wortes meist dem Geschlecht der bezeichneten Person.
  el camarero (*Kellner*) – **la camarera** (*Kellnerin*)
  el hombre (*Mann*) – **la mujer** (*Frau*)
- Bei Tieren findet man entweder eine eigene Form für jedes Geschlecht oder eine gemeinsame Form für beide.
  el perro (*Hund*) – **la perra** (*Hündin*)
  el caballo (*Pferd*) – **la yegua** (*Stute*)

aber

  el ratón (*Maus*)
  la tortuga (*Schildkröte*)

- Buchstaben sind immer weiblich und Zahlen immer männlich: **la jota** (*J*), **el dos** (*Zwei*)

Häufig erkennt man aber auch an der Endung, ob ein Wort männlich oder weiblich ist:

- Wörter, die auf **-o** enden, sind meist männlich: **el piso** (*die Wohnung*), **el amigo** (*der Freund*).

Es gibt jedoch Ausnahmen: **la mano** (*Hand*), **la foto** (*Foto*).

- Wörter, die auf **-or**, **-aje**, **-ón**, **-ismo** oder **-m(i)ento** enden, sind männlich: **el motor** (*Motor*), **el garaje** (*Garage*), **el camión** (*LKW*), **el socialismo** (*Sozialismus*), **el monumento** (*Denkmal*), **el ayuntamiento** (*Rathaus*).
- Wörter, die auf **-a** enden, sind meist weiblich: **la hora** (*die Stunde*), **la amiga** (*die Freundin*).

Es gibt jedoch Ausnahmen: **el día** (*Tag*), **el programa** (*Programm*).

- Wörter, die auf **-dad**, **-ción**, **-sión**, **-tud** oder **-z** enden, sind ausnahmslos weiblich: **la ciudad** (*Stadt*), **la nación** (*Staatsvolk*), **la admisión** (*Aufnahme*), **la juventud** (*Jugend*), **la cruz** (*Kreuz*).

- Wörter, die Personen bezeichnen und auf **-ista** enden, können sowohl männlich als auch weiblich sein: **el/ la turista** (*Tourist, -in*)

3

Schreiben Sie die richtige Endung in die Lücken.

1. el profes____ – la profesora
2. el turista – la turist____
3. los hij____ – las hij____
4. el camarer____ – la camarer____
5. el dí*a*__ – los dí____
6. el médic_____ – la médico

4

Entscheiden Sie, ob die Wörter unten weiblich oder männlich sind. Tragen Sie die entsprechenden Buchstaben in die Kästchen ein.

weiblich: ☐ ☐ ☐ ☐ ☐ männlich: ☐ ☐ ☐ ☐ ☐

a. verdad (*Wahrheit*) b. dos c. nación (*Staat*) d. mano e. coraje (*Mut*) f. cruz g. ascensor (*Aufzug*) h. jarrón (*Vase*) i. virtud (*Tugend*) j. día

5

Bilden Sie die weibliche bzw. männliche Form der folgenden Wörter.

1. el turista	la ____________
2. el ____________	la yegua
3. el ____________	la mujer
4. el doctor	la ____________

§ 3 Die Pluralbildung

An Wörter, die auf einen Vokal enden, wird ein **-s** angehängt, um den Plural zu kennzeichnen; an Wörter, die auf einen Konsonanten enden, wird meist ein **-es** angehängt.

	Singular	Plural	
männlich	**el amigo**	**los amigos**	*Freund, -e*
	el rey	**los reyes**	*König, -e*
weiblich	**la amiga**	**las amigas**	*Freundin, -nen*
	la ciudad	**las ciudades**	*Stadt, Städte*

Achtung! Manchmal ergeben sich durch die Aussprache leichte Unterschiede in der Schreibung der Wörter: **la luz** (*Licht*) – **las luces**; **el camión** (*LKW*) – **los camiones.**
Es gibt jedoch Ausnahmen zur Hauptregel:

- Wörter, die auf **-s** nach einem unbetonten Vokal enden, bleiben im Plural unverändert:
  el martes – **los martes** (*Dienstag, -e*)
  el paraguas – **los paraguas** (*Regenschirm, -e*)
- An Wörter, die auf betontes **-í** oder **-ú** enden, wird ein **-es** angehängt:
  el jabalí – **los jabalíes** (*Wildschwein, -e*)
  el hindú – **los hindúes** (*Hindu, -s*)
- Die Pluralbildung von Fremdwörtern ist oftmals unregelmäßig:
  el club – **los clubs/ clubes** (*Klub, -s*)
  el hobby – **los hobbys** (*Hobby, -s*)
- Einige Wörter können im Plural eine andere Bedeutung übernehmen:
  la letra (*Buchstabe*) – **las letras** (*Literatur*)
  el padre (*Vater*) – **los padres** (*Eltern*)
- Einige Wörter werden meist im Plural verwendet, auch wenn sie nur einen Gegenstand bezeichnen: **las gafas** (*Brille*), **las tijeras** (*Schere*).

- Andere Wörter hingegen werden nur im Singular verwendet: **la gente** (*Leute*), **el azúcar** (*Zucker*).

6

Bilden Sie die Pluralform der folgenden Wörter.

1. el lunes	los ____________	2. la cruz	las ____________
3. la cuñada	las ____________	4. el buey (*Ochse*)	los ____________
5. el lobby	los ____________	6. la profesión	las ____________
7. el sacapuntas (*Spitzer*)	los ____________	8. el ají (*Paprika*)	los ____________

7

Die Wörter unten sind alle im Singular. Fügen Sie sie, wenn nötig, im Plural in die Lücken ein.

1. Toda la ____________ le está esperando. (*Alle warten auf ihn/ sie.*)
2. Pedro lleva ____________ negras y barba. (*Pedro trägt schwarze Brille und Bart.*)
3. Barcelona es una ciudad con muchos ____________. (*Barcelona ist eine Stadt, die viele Klubs hat.*)
4. Necesito un ____________, está lloviendo. (*Ich brauche einen Regenschirm, es regnet gerade.*)
5. Las ____________ de María Luisa son muy simpáticas. (*Die Freundinnen von María Luisa sind sehr sympathisch.*)

a. amiga b. gafa(s) c. gente d. club e. paraguas

§ 4 Das Adjektiv

Die Adjektive begleiten Wörter, um diese näher zu beschreiben. Sie richten sich in Geschlecht und Zahl nach dem Wort, auf das sie sich beziehen.
El primo de María Luisa es guapo. (*Der Cousin von María Luisa ist hübsch.*)
Juan lleva una corbata muy bonita. (*Juan trägt eine sehr schöne Krawatte.*)
Die Adjektive verändern sich in der Form genauso wie die Substantive.

	Singular	Plural
männlich	**el** prim**o** guap**o**	**los** prim**os** guap**os**
weiblich	**la** prim**a** guap**a**	**las** prim**as** guap**as**

Die Adjektive, die auf **-e** oder Konsonant enden, haben nur eine Form für männlich und weiblich.

	Singular	Plural	
männlich	**el** piso grande	**los** piso**s** grande**s**	*die große(n) Wohnung(en)*
	el vestid**o** azul	**los** vestidos azul**es**	*das/ die blaue(n) Kleid(er)*
weiblich	**la** casa grande	**las** casa**s** grande**s**	*das/ die große(n) Haus/ Häuser*
	la corbat**a** azul	**las** corbat**as** azul**es**	*die blaue(n) Krawatte(n)*

Es gibt jedoch Ausnahmen:
el chico holgazán – los chicos holgazanes (*der/ die faule(n) Junge(n)*)
la chica holgazana – las chicas holgazanas (*das/ die faule(n) Mädchen*)

- Bezieht sich ein Adjektiv auf mehrere Wörter verschiedener Geschlechter, so wird die männliche Pluralform verwendet:
  El piso y la casa son muy bonitos. (*Die Wohnung und das Haus sind sehr schön.*)
  Los niños y las niñas son guapos. (*Die Jungs und die Mädchen sind hübsch.*)
- Bei der Bildung der verschiedenen Formen kann es zu Änderungen in der Schreibweise oder in der Akzentsetzung kommen:
  el niño feliz – los niños felices (*das/ die glückliche(n) Kind(er)*)
  el chico joven (*jung*) – **la chica joven – los chicos y las chicas jóvenes**
  el chico holgazán – la chica holgazana – los chicos y las chicas holgazanes

Die Adjektive stehen im Spanischen meist hinter dem Wort, das sie begleiten.
El amigo simpático lleva gafas. (*Der nette Freund trägt Brille.*)
Somos un pueblo interesante. (*Wir sind ein interessantes Volk.*)
Wenn die Adjektive vorangestellt werden, handelt es sich meist um ein Stilmittel in der literarischen Sprache.
No ha mucho que vivía un viejo hidalgo. (*Es ist nicht lange her, dass ein alter Junker (dort) lebte.*)

Sie können jedoch auch typische, innewohnende Eigenschaften oder eine zweite, übertragene Bedeutung zum Ausdruck bringen.
el agua mojada (*das nasse Wasser*)
la dulce mirada (*der süße Blick*)

Bei wenigen Adjektiven ist die Stellung bedeutungstragend:
un gran hombre (*ein großer Mann* = bedeutend, mächtig)
un hombre grande (*ein großer Mann* = groß gewachsen)
una pobre mujer (*eine arme Frau* = bedauernswert)
una mujer pobre (*eine arme Frau* = ohne Geld)
el piso antiguo (*die alte Wohnung*)
el antiguo piso (*die frühere Wohnung*)

Bei manchen sehr gebräuchlichen Adjektiven fällt die männliche Endung des Singulars weg, wenn sie vorangestellt werden:
un coche bueno – un buen coche (*ein gutes Auto*)
una ciudad grande – una gran ciudad (*eine große/ bedeutende Stadt*)

8

Schreiben Sie die richtige Form des Adjektivs in die Lücken.

1. un __________ hombre	una pobre mujer
2. un chico débil (*schwach*)	una chica __________
3. un piso __________	una casa bonita
4. un hombre amable (*freundlich*)	una mujer __________
5. un coche grande	una ciudad __________

9

Kreuzen Sie die passende Form an.

1. un coche ...
   - a. buen
   - b. bueno
   - c. buena

2. un ... hombre
   - a. gran
   - b. grande
   - c. grandes

3. las niñas ...
   - a. holgazanes
   - b. holganaza
   - c. holgazanas

4. los hombres y las mujeres ...
   - a. guapo
   - b. guapas
   - c. guapos

10

Bilden Sie richtige Sätze mit den folgenden Wörtern.

1. chico belga – chica – francés – son – guapo

____

2. débil – mujeres – no – son – las

____

3. viejo – libro – el – escondido (*versteckt*) – en – está – la biblioteca (*Literarischer Stil!*)

____

4. es – mujer – grande – ella (*bedeutend!*) – una

____

§ 5 Die Nationalitätsadjektive

Die Nationalitätsadjektive stehen immer ohne Außnahme hinter dem Substantiv.
Ana es española. (*Ana ist Spanierin.*)
Andrés es un chico español. (*Andrés ist ein spanischer Junge.*)
Die Nationalitätsadjektive werden zu Substantiven in Begleitung eines Artikels; sie werden weiterhin klein geschrieben.
un/ el inglés y una/ la inglesa (*ein/ der Engländer und eine/ die Engländerin*)
Die weibliche Form der Nationalitätsadjektive wird wie folgt gebildet:

- Nationalitätsadjektiven, die auf **-o** oder einen Konsonanten enden, erhalten in der weiblichen Form ein **-a**:
  el verano inglés (*der englische Sommer*)
  la lengua inglesa (*die englische Sprache*)
- Die restlichen Endungen sind für die männliche und die weibliche Form gleich:
  el hombre belga – la mujer belga (*der/ die belgische Mann/ Frau*)
  los hombres iraquíes – las mujeres iraquíes (*die irakischen Männer/ Frauen*)

11

Schreiben Sie die richtige Form in die Lücken.

1. el hombre iraquí – la mujer ___________
2. el chico ___________ – la chica belga
3. el niño español – la niña ___________
4. el inglés y el ___________ – la ___________ y la alemana
5. el pueblo (*Dorf*) ___________ – la ciudad francesa
6. el turista sueco – la turista ___________

12

Welche Nationalität haben die folgenden Personen? Bilden Sie Sätze mit der richitigen Form des Nationalitätsadjektivs.

1. Ana es de España. – *Ella es española.*
2. Claire y Duncan son de Inglaterra. – ___________________________
3. Peter es de Alemania. – ___________________________

4. Sophie es de Francia, pero su padre es de Irán. – ______________________________

____

5. Frank es de Bélgica. – ______________________________

6. Carmina y su novio (*Freund*) son de Italia. ______________________________

§ 6 Die Steigerung des Adjektivs

Die Steigerung des Adjektivs im Spanischen wird wie folgt gebildet:
un libro caro – una casa cara (*ein teures Buch/ Haus*)
un libro muy caro – una casa muy cara (*ein sehr teures Buch/ Haus*)
un libro carísimo – una casa carísima (*ein sehr, sehr teures Buch/ Haus*)
el libro más caro – la casa más cara (*das teuerste Buch/ Haus*)
Sowohl die Kombination **muy** + Adjektiv als auch die Endung **-ísimo**, **-a** sind sehr gebräuchliche Steigerungen; die Form auf **-ísimo** bringt einen noch höheren Grad der jeweiligen Eigenschaft zum Ausdruck.
muy interesante (*sehr interessant*)
interesantísimo/a (*höchst/ äußerst interessant*)
Bei einigen Formen ändert sich der Stamm des Wortes.
amable – amabilísimo/a (*freundlich*)
antiguo – antiquísimo/a (*alt*)
fuerte – fortísimo/a (*stark*)
Bei den folgenden Formen ist die Steigerung unregelmäßig.
buen/ bueno/a (*gut*) – **mejor** (*besser*)
malo/a (*schlecht*) – **peor** (*schlechter*)
grande (*groß*) – **mayor** (*größer*)
pequeño/a (*klein*) – **menor** (*kleiner*)
Mit folgenden Wendungen kann man Adjektive ebenfalls näher bestimmen:
bastante guapo/a (*ziemlich hübsch*)
un poco interesante (*etwas/ ein bisschen interessant*)
no muy guapo/a (*nicht sehr hübsch*)
nada interesante (*überhaupt nicht interessant*)

13

Bilden Sie die Steigerungsform mit **-ísimo** oder **-ísima** der folgenden Adjektive.

1. una calle estrecha – una calle estrechísima

2. una casa antigua – ______________________________

3. un chico guapo – ______________________

4. unos niños traviesos (*ungezogen*) – ______________________

5. unas manos grandes – ______________________

14

Kreuzen Sie die richtigen Aussagen an.

1. Ein Mann ist wenig aufregend.
   - a. Un hombre interesantísimo.
   - b. Un hombre más interesante.
   - c. Un hombre no muy interesante.

2. Ana ist ziemlich klein, aber sehr hübsch.
   - a. Ana es grande y guapa.
   - b. Ana es bastante baja y muy guapa.
   - c. Ana es bastante baja y poco guapa.

3. Ein guter Wein und ein noch besseres Essen.
   - a. Un bueno vino y una mejor comida.
   - b. Un buen vino y una mejor comida.
   - c. Un mejor vino y una buena comida.

4. Ein sehr, sehr enges Kleid.
   - a. Un vestido bastante estrecho.
   - b. Un vestido muy ancho.
   - c. Un vestido estrechísimo.

§ 7 Der Vergleich

Um Gleichheit auszudrücken, verwendet man **tan... como...** oder **igual de... que...**:
Pepa es tan guapa como su prima. (*Pepa ist genauso hübsch wie ihre Kusine.*)
Pepa es igual de guapa que su prima. (*Pepa ist genauso hübsch wie ihre Kusine.*)
Um Überlegenheit auszudrücken, verwendet man **más... que...**:
Pepa es más guapa que su prima. (*Pepa ist hübscher als ihre Kusine.*)
Um Unterlegenheit auszudrücken, verwendet man **menos... que...**:
Pepa es menos guapa que su prima. (*Pepa ist weniger hübsch als ihre Kusine.*)
Bei den Adjektiven **bueno** und **malo** ist dies nicht möglich. Hier verwendet man die Steigerungsformen **mejor** und **peor**.
El libro grande es bueno, pero el pequeño es mejor. (*Das große Buch ist gut, aber das kleine ist besser.*)

La novela larga es mala, pero la corta es peor. (*Der lange Roman ist schlecht, aber der kürze ist (noch) schlechter.*)
Bei den Adjektiven **grande** und **pequeño** findet man sowohl die regelmäßige als auch eine unregelmäßige Steigerungsform, wobei die regelmäßige Form eher in der Umgangsprache benutzt wird.
Mi piso es mayor/ más grande que el tuyo. (*Meine Wohnung ist größer als deine.*)
Mi hermana es menor/ más pequeña que la tuya. (*Meine Schwester ist jünger als deine.*)

15

Bilden Sie richtige Sätze mit den folgenden Wörtern und drücken Sie dabei Gleichheit aus.

1. Pedro – grande – igual de que – Francisco – ser

   ____

2. calle – larga – tanto como – avenida – ser

   ____

3. piso – luminoso – igual de que – mi – tu – casa – ser

   ____

16

Kreuzen Sie die richtigen Aussagen an.

1. Sein Auto ist schlechter als deine.
   - ■ a. Su coche es menos bueno que el tuyo.
   - ■ b. Su coche es peor que el tuyo.
   - ■ c. Su coche el más pequeño que el tuyo.

2. Meine Tochter ist jünger als deine.
   - ■ a. Mi hija es más grande que la tuya.
   - ■ b. Mi hija es menor que la tuya.
   - ■ c. Mi hija es peor que la tuya.

3. Ana ist hübscher als María.
   - ■ a. María es más guapa que Ana.
   - ■ b. Ana es tan guapa como María.
   - ■ c. María es menos guapa que Ana.

4. Dieses Gericht ist besser als das andere.
   - ■ a. Este plato es peor que el otro.
   - ■ b. Este plato es mejor que el otro.
   - ■ c. Este plato es igual que el otro.

§ 8 Die Ordnungszahlen

Im Spanischen sind die Ordnungszahlen nur bis zur Zahl 10 gebräuchlich. Wenn man sie in Ziffern schreibt, wird die Endung immer hochgestellt.

primer(o), -a	1er/ 1º, 1ª	segundo, -a	2º, 2ª
tercer(o), -a	3er/ 3º, 3ª	cuarto, -a	4º, 4ª
quinto, -a	5º, 5ª	sexto, -a	6º, 6ª
séptimo, -a	7º, 7ª	octavo, -a	8º, 8ª
noveno, -a	9º, 9ª	décimo, -a	10º, 10ª

Ordnungszahlen können vor- oder nachgestellt werden, sie stehen jedoch in der Regel vor dem Substantiv. Bei den männlichen Formen **primer(o)** und **tercer(o)** wird das **-o** nur angehängt, wenn die Zahl dem Substantiv folgt.
El primer piso. – El piso primero. (*Das erste Stockwerk.*)
El tercer coche. – El coche tercero. (*Das dritte Auto.*)
Ab der Zahl 10 werden grundsätzlich die Grundzahlen verwendet.
La puerta diecisiete del piso treinta. (*Die 17. Tür des 30. Stockwerkes.*)

17

Schreiben Sie die folgenden Ordnungszahlen als Wörter aus.

1. el 3er piso – el tercer piso
2. el 2º coche – ______
3. la casa 4ª – ______
4. el piso 17, la 5ª puerta – ______
5. la 8ª chica y el 1er chico – ______
6. el 7º piso, la 3ª puerta – ______

§ 9 Das Adverb

Adverbien bestimmen ein Verb, ein Partizip, ein Adjektiv, ein anderes Adverb oder einen ganzen Satz näher. Dazu gehören Orts- oder Zeitangaben, Adverbien der Art und Weise, der Menge und des Zweifels.

Adverbien sind grundsätzlich unveränderlich. Meist werden die Adverbien durch das Anhängen von **-mente** an die feminine Form des Adjektivs gebildet, wenn es diese gibt.

Adj. männlich	Adj. weiblich	Adverb	
rápid**o**	rápid**a**	rápid**amente**	*schnell*
terribl**e**	terribl**e**	terribl**emente**	*schrecklich*
fácil	fácil	fácil**mente**	*einfach*

Es gibt jedoch Ausnahmen: **¡Qué bien escribes!** (*Wie gut du schreibst!*)

Es gibt auch Adverbien, die eine eigene Form haben. In diesem Fall spricht man von ursprünglichen Adverbien.

pronto (*früh, bald*)	aquí (*hier*)	siempre (*immer*)	así (*so*)
de repente (*plötzlich*)	sin embargo (*trotzdem*)	a menudo (*oft*)	a veces (*manchmal*)

Adverbien werden allein gebraucht oder mit Adjektiven zur Verstärkung kombiniert.
Lo siento tremendamente. (*Es tut mir außerordentlich leid.*)
Él es tremendamente peligroso. (*Er ist äußerst gefährlich.*)

Muy und **mucho** (*sehr*) haben die gleiche Bedeutung. Direkt beim Verb als Adverb wird **mucho** verwendet; **muy** dagegen steht immer in Kombination mit einem weiteren Adverb oder einem Adjektiv.
Mi prima es muy divertida. (*Meine Kusine ist sehr lustig.*)
Me divierto mucho. (*Ich amüsiere mich sehr.*)
Wenn **mucho** als Adverb fungiert, ist es unveränderlich; **mucho** kann jedoch auch als Pronomen auftreten.
Adverb:
Te quiero mucho. (*Ich liebe dich sehr.*)
Nicht mit dem Pronomen zu verwechseln:
Hay mucho amor y mucha pasión. (*Es gibt viel Liebe und viel Leidenschaft.*)

Die Adverbien, so wie die Adjektive, können meist verglichen werden. In der Regel dienen dazu die Konstruktionen **tan... como...** und **igual de... que...**.
Alberto conduce bien. (*Alberto fährt gut Auto.*)
Alberto conduce tan bien como tú. (*Alberto fährt genauso gut Auto wie du.*)
Alberto conduce igual de bien que tú. (*Alberto fährt genauso gut Auto wie du.*)

Bei dem Vergleich des Adverbs **mucho** ist allein die Sonderfom **tanto... como...** korrekt.
Jugamos mucho. (*Wir spielen viel.*)
Jugamos tanto como vosotros. (*Wir spielen so viel wie ihr.*)
Um Überlegenheit auszudrücken, verwendet man **más... que...**:
Jorge termina deprisa de trabajar. (*Jorge ist schnell mit der Arbeit fertig.*)
Jorge termina más deprisa que Pepe de trabajar. (*Jorge ist schneller mit der Arbeit fertig als Pepe.*)
Um Unterlegenheit auszudrücken, verwendet man **menos... que...**:
Pepe termina menos deprisa de trabajar que Jorge. (*Pepe ist nicht so schnell fertig mit der Arbeit wie Jorge.*)

18

Bilden Sie mit den folgenden Adjektiven Adverbien, die auf **-mente** enden.

1. raro (*seltsam*) – ____________________
2. lento (*langsam*) – ____________________
3. fácil – ____________________
4. difícil (*schwer*) – ____________________
5. buen – ____________________
6. precipitado (*übereilt*) – ____________________

19

Fügen Sie die Adverbien im Kasten in die Lücken ein und bilden Sie dabei richtige Sätze.

1. Jorge siempre se levanta muy ________________ por la mañana, a las 7.
2. Juego ________________ con mi hija pequeña, casi (*fast*) todos los días.
3. Se me ha ocurrido (*eingefallen*) ________________.
4. Fran canta (*singt*) muy ________________.
5. Voy a nadar ________________, no siempre.
6. El pescado me gusta ________________.

a. mucho b. pronto c. a menudo d. a veces e. de repente f. bien

§ 10 Die Zeitangabe

Um die Zeit in einem Satz zum Ausdruck zu bringen, werden meist die Temporaladverbien verwendet. In der folgenden Tabelle werden die gängigen aufgelistet.

antes	*früher*	actualmente	*zurzeit*
hoy en día	*heutzutage*	antiguamente	*ehemals, damals*
últimamente	*neulich, in letzter Zeit*	finalmente	*schließlich*
temprano	*früh*	tarde	*spät*
luego	*später, nachher*	entonces	*dann, danach*
más tarde	*später*	pronto	*bald, früh, demnächst*
a menudo	*oft, häufig*	con frecuencia	*oft, häufig*
muchas veces	*oft, häufig*	a veces	*manchmal*
casi nunca	*selten, fast nie*	nunca, jamás	*nie, niemals*
hoy	*heute*	ayer	*gestern*
anteayer	*vorgestern*	mañana	*morgen*
anoche	*gestern Nacht*	aún, todavía	*noch*
ya	*schon*	de repente	*plötzlich*

20

Schreiben Sie die richtigen Zeitadverbien in die Lücken. Achten Sie darauf, dass es manchmal mehr als eine richtige Lösung gibt.

1. ______________ he comido. (*Ich habe schon gegessen.*)
2. Hoy me he levantado muy ______________. (*Ich bin heute sehr früh aufgestanden.*)
3. ______________ no había móviles. (*Damals gab es keine Handys.*)
4. ______________ lo olvidaré. (*Ich werde ihn nie vergessen.*)
5. No la veo ______________. (*Ich sehe sie zur Zeit kaum.*)
6. ______________ salí con Begoña. (*Ich bin gestern Nacht mit Begoña ausgegangen.*)

21

Kreuzen Sie das passende Adverb an.

1. Sie machen oft etwas .
   - a. antes
   - b. muchas veces
   - c. ayer

2. Es ist spät geworden.
   - a. más tarde
   - b. tarde
   - c. a veces

3. Sie werden nie etwas machen.
   - a. siempre
   - b. con frecuencia
   - c. nunca jamás

§ 11 Die Präposition

Die Präpositionen drücken einen örtlichen, zeitlichen oder modalen (Art und Weise) Bezug zwischen Dingen oder Personen aus. Die einfachen Präpositionen bestehen aus nur einem Wort; die präpositionalen Ausdrücke werden aus mehreren Wörtern zusammengesetzt.

Die wichtigsten einfachen Präpositionen sind:

- **a**
  Richtung: **Vamos a la montaña.** (*Fahren wir in die Berge.*)
  Uhrzeiten: **Vienen a las cuatro en punto.** (*Sie kommen genau um vier Uhr.*)
  bei den Beförderungsmöglichkeiten: **a pie/ caballo** (*zu Fuß/ mit dem Pferd*)
  zu bestimmten Zeitpunkten: **a la tarde/ noche** (*abends/ nachts*)
  Entfernungen: **Está a un metro de mí.** (*Es liegt ein Meter entfernt von mir.*)
  Himmelsrichtungen: **Andalucía está al sur.** (*Andalusien liegt im Süden.*)
- **de**
  Herkunft: **Yo soy de Bélgica.** (*Ich bin aus Belgien.*)
  Ursache oder nähere Bestimmung: **Me muero de sed.** (*Ich sterbe vor Durst.*)
  Besitz: **El pantalón es de María Luisa.** (*Die Hose gehört María Luisa.*)
  nach Menge, Maß oder Anzahl: **Necesita dos kilos de patatas y un litro de aceite.** (*Sie brauchen zwei Kilo Kartoffeln und ein Liter Öl.*)
  Material: **Las copas son de cristal bueno.** (*Die Weingläser sind aus gutem Glas.*)
  Zusammensetzung von Wörtern: **la llave de la puerta** (*der Türschlüssel*)
  Tageszeiten mit Uhrzeit: **las cuatro de la tarde** (*vier Uhr nachmittags*)
  Datum: **el 3 de agosto de 2000** (*am 3. August 2000*)
  bei Zeitangaben: **de día/de noche** (*tagsüber/ nachts*), **de mañana** (*früh am Morgen*)

- **en**
  in, auf, an: **en el armario** (*in den/ dem Schrank*), **en la mesa** (*auf den/ dem Tisch*), **en la puerta** (*an die/ der Tür*)
  bei jemandem zu Hause: **en casa de Manuel** (*bei Manuel zu Hause*)
  bei einer Firma: **en PONS** (*bei PONS*)
  Verkehrsmittel: **en coche/ avión** (*mit dem Auto/ Flugzeug*)
  Monaten: **en febrero** (*im Februar*)
  Feiertagen: **en Semana Santa** (*zu/ an Ostern*)
  Jahreszeiten: **en primavera** (*im Frühling*)
  Jahren: **en 1492** (im Jahr *1492*)
  Zeitraum: **en un mes** (*innerhalb eines Monats*)
- **por**
  Tageszeiten: **por la tarde** (*nachmittags/ abends*)
  mitten durch: **pasear por el parque** (*im Park spazieren gehen*)
  Mittel: **por correo** (*per Post*)
  gegen: **por un poco de agua** (*für/ gegen en bisschen Wasser*)
- **para**
  Termin, Frist: **para esta tarde** (*bis heute Nachmittag*)
  Richtung, Ziel: **una postal para España** (*eine Postkarte nach Spanien*)
  im Vergleich zu: **muy caro para la calidad** (*zu teuer für die Qualität*)
  Meinung: **Para él no es interesante.** (*Für ihn ist es nicht interessant.*)
  Zweck, Absicht, Bestimmung: **una sorpresa para ella** (*eine Überraschung für sie*)

Weitere wichtige einfache Präpositionen sind:

ante	*vor, angesichts*	bajo	*unter*
con	*mit*	contra	*gegen*
desde	*von ... aus, seit, von, ab*	durante	*während*
entre	*zwischen*	excepto	*abgesehen von, außer*
hacia	*nach, gegen, circa*	hasta	*bis, sogar, inklusive*
mediante	*mittels, durch*	según	*gemäß, nach, laut*
sin	*ohne*	sobre	*auf, über, gegen*
tras	*hinter, nach*		

Die wichtigsten präpositionalen Ausdrücke sind:

a causa de	*wegen, aufgrund*	dentro de	*in, innerhalb (örtlich)*
a la derecha de	*rechts von*	después de	*nach (zeitlich)*
a la izquierda de	*links von*	detrás de	*hinter*
a pesar de	*trotz*	en dirección a	*in Richtung ..., nach*
a través de	*durch, mittels*	en vez de	*statt, anstelle*
acerca de	*über*	en medio de	*mitten in*
además de	*neben, zusätzlich zu*	en vez de	*statt, anstelle*
al lado de	*neben, in der Nähe von*	encima de	*auf*
alrededor de	*um ... herum*	frente a	*gegenüber (örtlich), angesichts*
antes de	*vor (zeitlich)*	fuera de	*außerhalb von, außen von (örtlich)*
cerca de	*in der Nähe von, nahe bei*	gracias a	*dank*
debajo de	*unter*	junto a	*neben, samt*
delante de	*vor (örtlich)*	lejos de	*weit weg von*

22

Ergänzen Sie die folgenden Sätze mit den Präpositionen **a**, **de**, **en**, **por** oder **para**.

1. He montado _____ caballo _____ la mañana.
2. Vengo _____ mi casa y voy _____ comprar comida.
3. Siempre viajo _____ avión, es más rápido.
4. El trabajo es interesante _____ ella, no para mí.
5. La chaqueta está colgada (*hängt*) _____ armario.
6. Voy de compras _____ la ciudad.

23

Kreuzen Sie die passende Präposition an.

1. La comida está … la mesa.
   - a. bajo
   - b. sobre
   - c. entre

2. Una cerveza … alcohol.
   - a. tras
   - b. según
   - c. sin

3. Voy todos los días … los fines de semana.
   - a. excepto
   - b. durante
   - c. contra

24

Bilden Sie Sätze mit den folgenden Wörtern.

1. a pesar – edad – deporte – él – hace

____

2. según – ley (*Gesetzt*) – ella – inocente (*unschuldig*) – es

____

3. hospital – estuvo (*war*) – a causa de – Pedro – accidente (*Unfall*) – en – el – un

____

§ 12 Die Lokalangabe

Um Ort oder Richtung in einem Satz zum Ausdruck zu bringen, werden, außer den Präpositionen, die Lokaladverbien verwendet. Die Präpositionen werden unter **§11** näher erläutert.

Die drei wichtigsten Lokaladverbien sind:
aquí, acá – *hier*: Bezugspunkt in der unmittelbaren Nähe des Sprechers
ahí – *da*: Bezugspunkt in der Nähe des Gesprächspartners
allí, allá – *dort*: Bezugspunkt ist von beiden Gesprächspartnern weit entfernt

Wichtige Ortsbestimmungen sind auch:

arriba/ abajo	*oben/ unten*
(hacia) adelante/ (hacia) atrás	*nach vorne, vorwärts/ nach hinten, rückwärts*

delante/ detrás	*vorne/ hinten*
encima/ debajo	*obendrauf/ untendrunter*
a la derecha/ a la izquierda	*(nach) rechts/ (nach) links*
al lado	*daneben*
enfrente	*gegenüber*
dentro/ fuera	*innen/ (dr)außen*
cerca/ lejos	*nah, in der Nähe/ weit weg*
por aquí (cerca)	*hier in der Nähe*
en el centro	*in der Mitte*
al fondo	*ganz hinten*
al final	*am Ende*
en la esquina	*an der Ecke*
a la vuelta de la esquina	*um die Ecke*
todo seguido	*immer geradeaus*
todo recto	*immer geradeaus*
todo derecho	*immer geradeaus*

25

Kreuzen Sie das passende Lokaladverb an.

1. Ich sage: Komm zu mir!
   - ☐ a. ¡Ven aquí!
   - ☐ b. ¡Ve allá!
   - ☐ c. ¡Ve ahí!

2. Nah bei uns liegt ein Buch.
   - ☐ a. Allí hay un libro.
   - ☐ b. Allá hay un libro.
   - ☐ c. Ahí hay un libro.

3. Unsere Freunde sind weit weg.
   - ☐ a. Están ahí.
   - ☐ b. Están allá.
   - ☐ c. Están aquí.

26

Schreiben Sie die richtige Ortsbestimmung von dem Kasten in die Lücken.

1. Luego tiene que torcer ______________________.

2. ______________________ del camino está la casa.

3. Te espero ______________________ de la calle Buenestar con la calle Alondra.
4. El dinero (*Geld*) está ______________________ de la mesa.
5. Madrid está ______________________ de España.

a. a la derecha   b. encima   c. al final   d. en el centro   e. en la esquina

§ 13 Das Verb

Mit dem Verb werden die verschiedenen Handlungen ausgedrückt. Im Spanischen gibt es drei Konjugationen (**conjugaciones**), die an den drei verschiedenen Endungen des Infinitivs zu erkennen sind. Jede Konjugation bildet ein Schema, nach dem die Verben dieser Gruppe gebeugt werden.

1. Konjugation	2. Konjugation	3. Konjugation
trabaj**ar**	com**er**	viv**ir**

Die Bedeutung des Verbs findet man im Stamm des Wortes. Dieser Stamm steht jedoch nie allein: An ihm hängen die Endungen, die uns die Informationen über die handelnde(n) Person(en), die Zeit, in der die Handlung stattfindet, und die Art der Handlung geben.

Die Vollverben können in folgende Kategorien eingeordnet werden:

- Die transitiven Verben haben ein direktes Objekt (Akkusativ), nach dem man mit der Frage wen? oder was? fragen kann.
  comprar: Compro un libro de español. (*Ich kaufe ein Spanischbuch.*)
- Die intransitiven Verben haben kein oder nur ein indirektes Objekt, nach dem man mit wem? oder was? fragen kann.
  morir: Ha muerto en su casa. (*Er/ sie ist zu Hause gestorben.*)
- Die reflexiven Verben beziehen die Handlung auf das Subjekt.
  lavarse: Me lavo las manos. (*Ich wasche mir die Hände.*)
- Die unpersönlichen Verben haben kein persönliches Subjekt.
  llover: Esta tarde ha llovido. (*Heute Nachmittag hat es geregnet.*)

27

Listen Sie folgende Verben nach der Konjugation auf, zu der sie gehören.

1ª conjugación	2ª conjugación	3ª conjugación

a. llover b. lavarse c. cantar (*singen*) d. reír (*lachen*) e. cocer (*kochen*) f. herirse (*sich verletzen*) g. llamar h. correr (*laufen*) i. sentir (*fühlen*)

§ 14 Präsens – Regelmäßige Verben

Das Präsens (**presente**) der regelmäßigen Verben wird gebildet, indem folgende Endungen an den Stamm angehängt werden:

	-ar	-er	-ir
	trabaj**ar** (*arbeiten*)	com**er** (*essen*)	viv**ir** (*leben*)
yo	trabaj**o**	com**o**	viv**o**
tú	trabaj**as**	com**es**	viv**es**
él/ ellas/ Ud.	trabaj**a**	com**e**	viv**e**
nosotros/as	trabaj**amos**	com**emos**	viv**imos**
vosotros/as	trabaj**áis**	com**éis**	viv**ís**
ellos/as/ Uds.	trabaj**an**	com**en**	viv**en**

28

Schreiben Sie die richtige Form des Verbs in die Lücken.

1. Tú _______________ una carta (*Brief*) a tu abuelo. (escribir – *schreiben*)
2. María Luisa y Lola no _______________ juntas. (trabajar)
3. Yo _______________ tango muy bien. (bailar – *tanzen*)

4. Nosotros nos _____________ todo lo que nuestra madre _____________. (comer, cocinar)

5. Vosotros _____________ todos los libros que _____________. (leer – *lesen*, comprar – *kaufen*)

§ 15 Unregelmäßige Verben und Verben mit Unregelmäßigkeiten

Viele Verben im Spanischen weisen Unregelmäßigkeiten bei der Bildung des Präsens auf. Diese Unregelmäßigkeiten sollten Sie sich sorgfältig einprägen, da sie nicht nur für den richtigen Gebrauch des Präsens von Bedeutung sind, sondern auch bei der korrekten Bildung anderer Zeiten wichtig sind, die vom Präsens abgeleitet werden.
Die wichtigsten Abweichungen von den regelmäßigen Verben sind:

- Veben mit Vokalveränderung bei der 1., 2. und 3. Person Singular und bei der 3. Person Plural. Die Formen der 1. und 2. Person Plural sind dagegen immer regelmäßig:

	o → ue	**e → ie**	**e → i**	**e → ue**
	contar	entender	pedir	jugar
	(*erzählen*)	(*verstehen*)	(*bitten*)	(*spielen*)
yo	c**ue**nto	ent**ie**ndo	p**i**do	j**ue**go
tú	c**ue**ntas	ent**ie**ndes	p**i**des	j**ue**gas
él/ Ud.	c**ue**nta	ent**ie**nde	p**i**de	j**ue**ga
nos.	contamos	entendemos	pedimos	jugamos
vos.	contáis	entendéis	pedís	jugáis
ellos/ Uds.	c**ue**ntan	ent**ie**nden	p**i**den	j**ue**gan

- rein orthographische Veränderungen, die sich von den Ausspracheregeln im Spanischen ableiten lassen:
  vencer (*besiegen*) – yo ven**zo**, tú ven**ce**s…
  dirigir (*leiten*) – yo diri**jo**, tú diri**ge**s…
  huir (*fliehen*) – yo hu**yo**…, nosotros h**ui**mos…

- eine unregelmäßige Form für die 1. Person Singular, die jedoch bei keiner anderen Person auftritt:
  caber (*hineinpassen*) – yo **quepo**, tú cabes…
  caer (*fallen*) – yo **caigo**, tú caes
  conocer (*kennen*) – yo **conozco**, tú conoces…

dar (*geben*) – yo **doy**, tú das...
hacer (*machen*) – yo **hago**, tú haces...
poner (*stellen*) – yo **pongo**, tú pones...
salir (*ausgehen*) – yo **salgo**, tú sales...
saber (*wissen*) – yo **sé**, tú sabes...
traer (*bringen*) – yo **traigo**, tú traes...
traducir (*übersetzen*) – yo **traduzco**, tú traduces...
valer (*kosten; nutzen*) – yo **valgo**, tú vales

- andere Verben weisen Unregelmäßigkeiten in viele Formen auf. Solche Verben sollten auswendig gelernt werden.

andar (*gehen*)	**decir** (*sagen*)	**estar** (*sein*)
oír (*hören*)	**poder** (*können*)	**querer** (*lieben*)
tener (*haben*)	**venir** (*kommen*)	**ver** (*sehen*)

- es gibt auch Verben mit gänzlich unregelmäßigen Formen:

ser (*sein*) – **yo soy, tú eres, él es, nos. somos, vos. sois, ellos son**
ir (*gehen*) – **yo voy, tú vas, él va, nos. vamos, vos. vais., ellos van**

29

Konjugieren Sie die folgenden Verben in der Person, die verlangt wird.

1. pedir, él: ______________
2. caber, yo: ______________
3. entender, tú: ______________
4. dar, yo: ______________
5. jugar, ella: ______________
6. contar, ellos: ______________
7. vencer, yo: ______________
8. huir, nosotros: ______________

30

Ergänzen Sie die Lücken der folgenden Tabelle.

	tener	ir	querer	oír	ver	poder
yo	tengo		quiero	oigo		puedo
tú	tienes	vas			ves	
él			quiere	oye		
nos.	tenemos	vamos		oímos	vemos	podemos
vos.	tenéis		queréis	oís		podéis
ellos		van		oyen	ven	pueden

§ 16 *Ser und estar*

Im Spanischen gibt es für das deutsche *sein* zwei verschiedene Verben: **ser** und **estar**. Sie lassen sich jedoch klar voneinander abgrenzen.

Das Verb **ser** wird verwendet

- vor Substantiven:
  Ana es una buena amiga. (*Ana ist eine gute Freundin.*)
  Éste es mi coche. (*Das ist mein Auto.*)
- für Personenangaben wie Identität, Herkunft, Beruf, Religion:
  Soy María Luisa González. (*Ich bin María Luisa González.*)
  Él es holandés. (*Er ist Holländer.*)
  Ella es médico y él enfermero. (*Sie ist Ärztin und er Krankenpfleger.*)
- für Zeitangaben:
  ¿Qué hora es? Son las doce. (*Wie spät ist es? Es ist zwölf Uhr.*)
  Hoy es sábado. (*Heute ist Samstag.*)
- im Zusammenhang mit dem Besitz und mit der Präposition **de** bei Angabe des Materials:
  Esta casa es de nosotros. (*Dieses Haus gehört uns.*)
  El sillón es de piel. (*Der Sessel(bezug) ist aus Leder.*)

Das Verb **estar** wird verwendet

- in der Bedeutung sich befinden, irgendwo sein, liegen, stehen:
  Juana está en Barcelona. (*Juana ist in Barcelona.*)
  Madrid está en España. (*Madrid ist in Spanien.*)
- beim Datum ausschließlich in folgenden festen Verbindungen:
  ¿A cuánto estamos? Estamos a día 10. (*Den wievielten haben wir? Wir haben den 10.*)
  ¿A qué día estamos? Estamos a martes. (*Was für einen Tag haben wir? Wir haben Dienstag.*)
- für die Verlaufsform (Gerundium):
  Estamos comprando fruta. (*Wir kaufen gerade Obst.*)

Etwas schwieriger wird der Gebrauch von **ser** und **estar** in Verbindung mit Adjektiven und Partizipien. **Ser** benennt in der Regel wesentliche, dauerhafte, charakteristische Eigenschaften; **estar** drückt hingegen einen Zustand (Gefühle, Befinden) aus.

Esa mujer es tonta. (*Diese Frau ist dumm* = sie ist dumm geboren worden)
Hoy estoy tonta. (*Ich bin heute nicht fit im Kopf* = nur heute)

Es gibt jedoch eine Ausnahme: **El abuelo está muerto.** (*Der Großvater ist tot.*)

Es gibt auch Adjektive, die je nach Verb eine (vollkommen) andere Bedeutung aufweisen:

ser listo	*schlau sein*	estar listo	*fertig sein*
ser aburrido	*langweilig sein*	estar aburrido	*sich langweilen*
ser cansado	*anstrengend sein*	estar cansado	*müde sein*
ser libre	*ungebunden sein*	estar libre	*nicht besetzt sein*
ser abierto	*aufgeschlossen sein*	estar abierto	*auf sein*

31

Ergänzen Sie die Lücken der folgenden Tabelle.

	ser	**estar**
yo		estoy
tú	eres	
él/ ella/ Ud.	es	
nosostros/as		estamos
vosotros/as	sois	
ellos/as/ Uds.		están

32

Schreiben Sie in die Lücken die korrekte Form von **ser** oder **estar**.

1. María Luisa y Lola __________ buenas amigas.
2. Hoy Marta __________ enferma (*krank*).
3. Normalmente Juan no __________ aburrido, pero hoy __________ muy aburrido.
4. Él __________ Eduardo, mi primo.
5. Hoy __________ jueves.
6. Hoy __________ a 2 de mayo.
7. La tienda (*Geschäft*) __________ abierta.
8. Las casas __________ de madera.

§ 17 *hay* und *estar*

Im Spanischen wird die Position einer Person oder eines Gegenstandes meist mit **hay** (*es gibt*) oder **estar** (*sein*) angegeben.
Dabei gilt:

- Mit einer Ortsbestimmung verwendet man immer **hay**.
  Hay un hombre en la puerta. (*Es gibt einen Mann an der Tür.*)
- Der Gebrauch von **estar** oder **hay** richtet sich danach, ob das Subjekt bestimmt oder unbestimmt ist.

estar	**hay**
+ Bestimmtes	+ Unbestimmtes
El coche está en el garaje.	**Hay un coche en el garaje.**
Das Auto steht in der Garage.	*Es gibt ein Auto in der Garage.*
+ Personalpronomen:	+ Indefinitpronomen:
Tú estás en tu casa.	**Hay alguien en la casa.**
Du bist bei dir zu Hause.	*Es gibt jemanden in dem Hause.*
+ Personeneigennamen	+ Zahlen
Alberto está en casa.	**Hay dos libros antiguos.**
Alberto ist zu Hause.	*Es gibt zwei alte Bücher.*
+ Possessivpronomen	+ Substantive ohne Bestimmung
Mi maleta está en el hotel.	**Hay maletas en el hotel.**
Mein Koffer ist im Hotel.	*Es gibt Koffer im Hotel.*
+ Geographische Bezeichnungen	
El Amazonas está en Latinoamérica.	
Der Fluss Amazonas ist/ liegt in Lateinamerika.	

33

Schreiben Sie in die Lücken **hay** oder die korrekte Form von **estar**.

1. La mesa __________ en el comedor.
2. __________ una carta en el buzón (*Briefkasten*).
3. Mis hijos __________ en el cine.

4. España _________ en Europa.

5. _________ bebidas (*Getränke*) frías en ese bar.

6. No sé si _________ alguien en la oficina.

7. ¿_________ alguien (*jemand*) en casa? Sí, Luisa _________.

8. _________ tres chicos que nos _________ mirando (*anschauen*).

§ 18 Die nahe Zukunft: *ir + a*

Um ein Vorhaben oder etwas, was in der nächsten Zeit stattfinden soll, auszudrücken, wird im Spanischen oft das Präsens von **ir** + **a** + Infinitiv des eigentlichen Verbs verwendet, die nahe Zukunft (**futuro inmediato**).
Voy a hablar con mi madre. (*Ich werde* (*gleich*) *mit meiner Mutter sprechen.*)
Va a nevar. (*Es wird* (*bald*) *schneien.*)
Statt dieser Konstruktion mit **ir** + **a** und dem Infinitiv des Vollverbs kann die nahe Zukunft auch mit einer eigenen Futurform des Verbs ausgedrückt werden, die im nächsten Kapitel besprochen wird.

34

Ergänzen Sie die Lücken der folgenden Tabelle.

	ir
yo	voy
tú	
él/ ella/ Ud.	va
nosostros/as	vamos
vosotros/as	
ellos/as/ Uds.	

35

Formulieren Sie die folgenden Sätze mit der nahen Zukunft um.

1. Compro una corbata. – Voy a comprar una corbata.

2. Nosotros celebramos una fiesta. – _________

3. Ella cumple 42 años. – ____________________________

4. Nosotros regresamos (*zurückkehren*) pronto. – ____________________________

5. Felipe cocina tortilla de patatas. – ____________________________

6. Vosotros vais de excursión. – ____________________________

§ 19 Das Futur

Die Futurform (**futuro simple**) wird gebildet, indem man an den Stamm der Infinitivform die in der folgenden Tabelle hervorgehobenen Endungen anhängt.

	-ar	-er	-ir
	trabaj**ar**	com**er**	viv**ir**
	(*arbeiten*)	(*essen*)	(*leben*)
yo	trabaj**aré**	com**eré**	viv**iré**
tú	trabaj**arás**	com**erás**	viv**irás**
él/ ellas/ Ud.	trabaj**ará**	com**erá**	viv**irá**
nosotros/as	trabaj**aremos**	com**eremos**	viv**iremos**
vosotros/as	trabaj**aréis**	com**eréis**	viv**iréis**
ellos/as/ Uds.	trabaj**arán**	com**erán**	viv**irán**

Bei folgenden Verben ändert sich die Stammform:

- Das **e** fällt weg
  querer (*lieben*) – yo **querré**, tú **querrás**...
  haber (*sein, haben*) – yo **habré**, tú **habrás**...
  saber (*wissen*) – yo **sabré**, tú **sabrás**...
  poder (*können*) – yo **podré**, tú **podrás**...
  caber (*hineinpassen*) – yo **cabré**, tú **cabrás**...
- Die mittlere Silbe fällt weg
  hacer (*machen*) – yo **haré**, tú **harás**...
  decir (*sagen*) – yo **diré**, tu **dirás**...
- Das **d** ersetzt den Endvokal
  poner (*stellen*) – yo **pondré**, tú **pondrás**...
  venir (*kommen*) – yo **vendré**, tú **vendrás**...
  tener (*haben*) – yo **tendré**, tú **tendrás**...
  salir (*ausgehen*) – yo **saldré**, tú **saldrás**...
  valer (*kosten, nutzen*) – yo **valdré**, tú **valdrás**...

36

Ergänzen Sie die Lücken der folgenden Tabelle.

	haber	poder	hacer	decir	poner	venir
yo	habré	podré				vendré
tú	habrás		harás		pondrás	
él	habrá			dirá		vendrá
nos.		podremos		diremos		vendremos
vos.			haréis		pondréis	
ellos	habrán			dirán	pondrán	

§ 20 Das Perfekt

Im Spanischen gibt es vier Vergangenheitsformen, die ganz klaren Regeln im Gebrauch folgen.
Das Perfekt (**pertérito perfecto**) wird mit der Präsensform des Hilfsverbs **haber** + Partizip Perfekt (**participio**) des eigentlichen Verbs gebildet. Das Partizip wird dabei vom Infinitiv abgeleitet, mehr dazu bei §21.

yo	**he**		
tú	**has**		trabaj**ado** (-ar)
él/ ellas/ Ud.	**ha**	+	com**ido** (-er)
nosotros/as	**hemos**		viv**ido** (-ir)
vosotros/as	**habéis**		
ellos/as/ Uds.	**han**		

Das Partizip im Perfekt ist unveränderlich, d. h. es wird weder an das Subjekt noch an das Objekt angeglichen.
El chico no ha ido hoy al colegio, la chica sí ha ido. (*Der Junge ist heute nicht zur Schule gegangen, das Mädchen ist jedoch hin gegangen.*)
Das Perfekt verwendet man,

- wenn die Ereignisse vor sehr kurzer Zeit geschehen sind:
  Hace un rato que se ha ido. (*Er/ sie ist vor einer Weile gegangen.*)

- wenn man über einen Zeitraum spricht, in dem sich Zuhörer und Sprecher noch befinden:
  Este año he tenido mucho trabajo. (*Dieses Jahr habe ich viel Arbeit gehabt.*)
- wenn man über eine Handlung der Vergangenheit spricht, deren Folgen oder Ergebnisse bis in die Gegenwart reichen.
  Ha muerto mi tío. (*Mein Onkel ist gestorben.*)
  He comido demasiado y ahora me duele el estómago. (*Ich habe viel zu viel gegessen, und jetzt habe ich Magenschmerzen.*)

37

Ergänzen Sie die Lücken der folgenden Tabelle.

	haber
yo	
tú	has
él/ ella/ Ud.	
nosostros/as	hemos
vosotros/as	
ellos/as/ Uds.	

38

Ergänzen Sie die Lücken mit dem Verb in Perfekt.

1. Nosotros __________ __________ una habitación. (reservar)
2. Él __________ __________ toda la tarde. (trabajar)
3. ¿ __________ __________ (vosotros) esta mañana? (desayunar)
4. Hace un momento que (yo) __________ __________ el trabajo. (terminar – *beenden*)
5. ¿ __________ __________ (tú) de compras hoy? (ir)
6. Esta semana (yo) __________ __________ muy enferma. (estar)

§ 21 Das Partizip Perfekt

Das Partizip Perfekt im Spanischen lässt sich nach zwei Regeln vom Infinitiv ableiten:

- Verben der 1. Konjugation tauschen **-ar** gegen **-ado**:
  trabajar (*arbeiten*) – trabaj**ado**
  sentar (*setzen*) – sent**ado**
- Verben der 2. und 3. Konjugation tauschen **-er** bzw. **-ir** gegen **-ido**:
  comer (*essen*) – com**ido**
  beber (*trinken*) – beb**ido**
  vivir (*leben*) – viv**ido**
  sentir (*fühlen*) – sent**ido**

Bei den Partizipien gibt es jedoch zahlreiche unregelmäßige Formen – auch bei sonst regelmäßigen Verben. Diese Formen sollten auswendig gelernt werden.

decir (*sagen*) – **dicho**	**hacer** (*machen*) – **hecho**
ver (*sehen*) – **visto**	**abrir** (*öffnen*) – **abierto**
freír (*braten*) – **frito**	**imprimir** (*drucken*) – **impreso**
morir (*sterben*) – **muerto**	**volver** (*zurückkehren*) – **vuelto**
poner (*stellen*) – **puesto**	**escribir** (*schreiben*) – **escrito**
romper (*brechen*) – **roto**	etc.

Dies gilt auch für alle von diesen abgeleiteten, zusammengesetzten Verben.

predecir (*vorsehen*) – **predicho**

deshacer (*zerlegen*) – **deshecho**

39

Ergänzen Sie die Lücken mit dem Infinitiv oder dem Partizip Perfekt des Verbs.

1. hacer – ______________
2. ______________ – vuelto
3. ______________ – sentido
4. morir – ______________
5. querer – ______________
6. ______________ – escrito
7. comer – ______________
8. ______________ – subido
9. ver – ______________
10. abrir – ______________
11. ______________ – llovido
12. ______________ – frito
13. deshacer – ______________
14. ______________ – sentado

§ 22 Das *Indefinido*

Das **Indefinido** wird wie folgt gebildet:

	-ar	-er	-ir
	trabaj**ar**	com**er**	viv**ir**
	(*arbeiten*)	(*essen*)	(*leben*)
yo	trabaj**é**	com**í**	viv**í**
tú	trabaj**aste**	com**iste**	viv**iste**
él/ ellas/ Ud.	trabaj**ó**	com**ió**	viv**ió**
nosotros/as	trabaj**amos**	com**imos**	viv**imos**
vosotros/as	trabaj**asteis**	com**isteis**	viv**isteis**
ellos/as/ Uds.	trabaj**aron**	com**ieron**	viv**ieron**

Manche Verben weisen jedoch Unregelmäßigkeiten in der Bildung des **Indefinido** auf.

- Bei einigen regelmäßigen Verben kommt es bei der 3. Person Singular und Plural zu Veränderungen des Stammvokals.

	e → i	o → u
	pedir	**dormir**
	(*bitten*)	(*schlafen*)
yo	pedí	dormí
tú	pediste	dormiste
él/ ellas/ Ud.	**pidió**	**durmió**
nosotros/as	pedimos	dormimos
vosotros/as	pedisteis	dormisteis
ellos/as/ Uds.	**pidieron**	**durmieron**

- Bei einigen Verben kommt es zu orthographischen Veränderungen im Stamm, z. B.:

	buscar	**pagar**	**leer**
	(*suchen*)	(*bezahlen*)	(*lesen*)
yo	**busqué**	**pagué**	leí
tú	buscaste	pagaste	**leíste**
él/ ellas/ Ud.	buscó	pagó	**leyó**
nosotros/as	buscamos	pagamos	**leímos**
vosotros/as	buscasteis	pagasteis	**leísteis**
ellos/as/ Uds.	buscaron	pagaron	**leyeron**

- Eine beträchtliche Anzahl sehr gebräuchlicher Verben ist im **Indefinido** unregelmäßig. Im Gegensatz zu den regelmäßigen Verben tragen diese die Betonung nicht auf der Endung, sondern auf dem Stamm:
  poder (*können*) – yo **pude**, tú **pudiste**, él **pudo**, nos. **pudimos**...
  decir (*sagen*) – yo **dije**, tú **dijiste**, él **dijo**...
  saber (*wissen*) – yo **supe**, tú **supiste**, él **supo**, nos. **supimos**...

Das Indefinido wird verwendet

- für abgeschlossene, zeitlich begrenzte Handlungen oder Vorkommnisse, die zu einem bestimmten Zeitpunkt oder in einer bestimmten Zeitspanne geschehen sind:
  En 1492 Colón descubrió América. (*1492 entdeckte Columbus Amerika.*)
  A lo largo de su vida leyó mucho. (*Im Laufe seines/ ihres Lebens las er/ sie viel.*)
- für punktuelle Informationen:
  A las 21:00 h. salió el tren para Madrid. (*Um 21.00 Uhr fuhr der Zug nach Madrid.*)
- wenn man sich für eine Aktion oder für ein Geschehnis nicht aufgrund der Zeitdauer interessiert, sondern nur wegen der Folgen:
  Salí del trabajo, llegué a casa y me duché rápido. (*Ich machte Feierabend, kam nach Hause und duschte mich schnell.*)

40

Ergänzen Sie die Lücken der folgenden Tabelle.

	haber	estar	ser/ ir	decir	hacer	querer
yo	hube	estuve		dije	hice	
tú	hubiste	estuviste	fuiste	dijiste		quisiste
él	hubo		fue		hizo	quiso
nos.				dijimos	hicimos	
vos.	hubisteis	estuvisteis			hicisteis	
ellos	hubieron		fueron	dijeron		

§ 23 Gegenüberstellung von Perfekt und *Indefinido*

Sowohl mit dem Perfekt als auch mit dem **Indefinido** kann man vergangene, abgeschlossene Handlungen zum Ausdruck bringen. Häufig kann man anhand einer Zeitbestimmung innerhalb des Satzes erkennen, welche Zeit verwendet werden muss.
Gibt es keine Zeitangaben im Satz oder lässt sich der Zeitpunkt der Handlung nicht aus dem Kontext erschließen, wird das Perfekt gebraucht, wenn die Handlung vom Sprecher als noch relativ nah in Bezug auf die Gegenwart empfunden wird. Das *Indefinido* wird hingegen verwendet, wenn die Handlung schon länger zurückliegt bzw. für den Sprecher schon Teil der ferneren Vergangenheit ist.
He visto a tu prima (hoy). (*Ich habe* (*heute*) *deine Kusine gesehen.*)
Vi a tu prima Mercedes (la semana pasada). (*Ich traf deine Kusine* (*letzte Woche*).)

41

Kreuzen Sie die richtige Form des Verbs an.

1. Hoy … pescado.
   - a. he comido
   - b. comí

2. Ayer por la tarde … vino.
   - a. he bebido
   - b. bebí

3. Este año … muchos incendios.
   - a. han habido
   - b. hubieron

4. … toda la tarde hasta ahora.
   - a. he estudiado
   - b. estudié

5. Siempre ... buena suerte (*Glück*), hasta hoy.
   - a. he tenido
   - b. tuve

6. En el año 1939 ... la Guerra Civil española.
   - a. ha acabado
   - b. acabó

§ 24 Das Imperfekt

Das Imperfekt (**pretérito imperfecto**) ist die dritte Vergangenheitsform im Spanischen. Es wird wie folgt gebildet:

	-ar	-er	-ir
	trabaj**ar**	com**er**	viv**ir**
	(*arbeiten*)	(*essen*)	(*leben*)
yo	trabaj**aba**	com**ía**	viv**ía**
tú	trabaj**abas**	com**ías**	viv**ías**
él/ ellas/ Ud.	trabaj**aba**	com**ía**	viv**ía**
nosotros/as	trabaj**ábamos**	com**íamos**	viv**íamos**
vosotros/as	trabaj**abais**	com**íais**	viv**íais**
ellos/as/ Uds.	trabaj**aban**	com**ían**	viv**ían**

Die einzigen unregelmäßigen Verben sind die Folgenden. Achten Sie auf die Akzentsetzung!

	ser	ir	ver
	(*sein*)	(*gehen*)	(*sehen*)
yo	**era**	**iba**	**veía**
tú	**eras**	**ibas**	**veías**
él/ ellas/ Ud.	**era**	**iba**	**veía**
nosotros/as	**éramos**	**íbamos**	**veíamos**
vosotros/as	**erais**	**ibais**	**veíais**
ellos/as/ Uds	**eran**	**iban**	**veían**

Das Imperfekt wird verwendet

- zur Beschreibung eines Zustands oder einer Situation in der Vergangenheit:
  Manuel era muy tímido, hoy en día no. (*Manuel war früher sehr schüchtern, heutzutage nicht mehr.*)
  Antes no había ordenadores ni móviles. (*Früher gab es keine PCs und keine Handys.*)
- zum Ausdruck von Gewohnheiten, sowie sich (immer) wiederholenden Handlungen oder Vorgängen:
  De joven me gustaba bailar. (*Als ich jung war, tanzte ich sehr gern.*)
- für zeitlich nicht deutlich begrenzte Vorgänge oder Handlungen:
  Comíamos juntos. (*Wir aßen (immer wieder) zusammen.*)
- für eine Handlung, die in ihrer Dauer dargestellt wird und als Hintergrund für eine andere Handlung dient. Diese häufig punktuelle Handlung wird mit dem **Indefinido** oder Perfekt ausgedrückt.
  Estaba en la universidad cuando llamó. (*Ich war an der Uni als er/ sie anrief.*)
  Ha llovido mientras estaba en el colegio. (*Es hat geregnet, während ich in der Schule war.*)

Beachten Sie außerdem folgende Unterschiede zwischen dem Imperfekt und dem **Indefinido**:
Mis padres tenían una hija. (*Meine Eltern hatten ein Mädchen.*)
Mis padres tuvieron una hija. (*Meine Eltern bekamen ein Mädchen.*)

Él conocía a María Luisa. (*Er kannte María Luisa (schon).*)
Él conoció a María Luisa en el trabajo. (*Er lernte María Luisa bei der Arbeit kennen.*)

Cuando ella venía traía buen vino. (*Immer wenn sie kam, brachte sie guten Wein mit.*)
Cuando ella vino trajo un buen vino. (*Als sie (einmal) kam, brachte sie einen guten Wein mit.*)

42

Konjugieren Sie die folgenden Verben im Imperfekt, in der Person, die verlangt wird.

1. dormir, nosotros: ______________
2. herir, tú: ______________
3. beber, yo: ______________
4. volver, ellos: ______________
5. pedir, ellos: ______________
6. decir, tú: ______________
7. leer, nosotros: ______________
8. poder, Ud.: ______________

43

Ergänzen Sie die Lücken der folgenden Tabelle.

	ver	ser	ir
yo			iba
tú	veías		
él/ ella/ Ud.		era	
nosostros/as	veíamos		íbamos
vosotros/as			ibais
ellos/as/ Uds.		eran	

44

Schreiben Sie das Verb im Perfekt, **Indefinido** oder Imperfekt in die Lücken.

1. Mis abuelos se _______________ en el baile. (conocerse)
2. Cuando era joven _______________ todos los días. (nadar)
3. La semana pasada _______________ una vez. (llover)
4. _______________ hoy a los niños al colegio. (llevar – *hinbringen*)
5. Antes todo _______________ diferente. (ser)

§ 25 Der Imperativ

Der Imperativ (**imperativo**), auch Befehlsform genannt, wird sehr häufig im Spanischen verwendet. Es ist durchaus nicht unhöflich, diese Form im Rahmen eines Befehls, eines freundlichen Angebots, eines Ratschlags oder eines Hinweises zu benutzen.

	-ar	-er	-ir
	trabajar (*arbeiten*)	**comer** (*essen*)	**vivir** (*leben*)
(tú)	traba**ja**	com**e**	viv**e**
(usted)	trabaj**e**	com**a**	viv**a**
(nosotros/as)	trabaj**emos**	com**amos**	viv**amos**
(vosotros/as)	trabaj**ad**	com**ed**	viv**id**
(ustedes)	trabaj**en**	com**an**	viv**an**

Der verneinte Imperativ weist für die 2. Person Singular und Plural eigene Formen auf. Die Höflichkeitsformen und die 1. Person Plural ändern sich jedoch nicht. Der verneinte Imperativ wird wie folgt gebildet:

	-ar	-er	-ir
	trabajar	**comer**	**vivir**
(tú)	**no** trabaj**es**	**no** com**as**	**no** viv**as**
(usted)	**no** trabaje	**no** coma	**no** viva
(nosotros/as)	**no** trabajemos	**no** comamos	**no** vivamos
(vosotros/as)	**no** trabaj**éis**	**no** com**áis**	**no** viv**áis**
(ustedes)	**no** trabajen	**no** coman	**no** vivan

Die wichtigsten unregelmäßigen Formen des Imperativs sind:

	decir	hacer	ir	oír
	(*sagen*)	(*machen*)	(*gehen*)	(*hören*)
(tú)	**di**	**haz**	**ve**	**oye**
(usted)	**diga**	**haga**	**vaya**	**oiga**
(nosotros/as)	**digamos**	**hagamos**	**vayamos**	**oigamos**
(vosotros/as)	**decid**	**haced**	**id**	**oíd**
(ustedes)	**digan**	**hagan**	**vayan**	**oigan**

	tener	traer	venir	salir
	(*haben*)	(*bringen*)	(*kommen*)	(*ausgehen*)
(tú)	**ten**	**trae**	**ven**	**sal**
(usted)	**tenga**	**traiga**	**venga**	**salga**
(nosotros/as)	**tengamos**	**traigamos**	**vengamos**	**salgamos**
(vosotros/as)	**tened**	**traed**	**venid**	**salid**
(ustedes)	**tengan**	**traigan**	**vengan**	**salgan**

Bei reflexiven Verben kann das Pronomen an die Endung angehängt werden; das **-s** der 1. Person Plural und das **-d** der 2. Person Plural fallen in dem Fall weg.
Vámonos. (*Gehen wir.*)
Compraos la casa. (*Kauft euch das Haus.*)

45

Ergänzen Sie die Lücken mit der Form des bejahten oder des negativen Imperativs.

1. ¡Toca (*spiel*) la guitarra! – ¡No toques la guitarra!
2. ______________________ – ¡No vayáis al médico!
3. ¡Come mucha fruta! – ______________________
4. ______________________ – ¡No me traiga la cuenta!
5. ¡Salgan ustedes de aquí! – ______________________
6. ¡Vayamos a la puerta! – ______________________
7. ______________________ – ¡No te afeites ahora!
8. ¡Haced lo que he dicho! – ______________________

§ 26 Die Verlaufsform

Die Verlaufsform, auch Gerundium (**gerundio**) genannt, lässt sich aus dem Infinitiv jeder Konjugation ableiten.

- Verben der 1. Konjugation tauschen **-ar** gegen **-ando**:
  trabajar (*arbeiten*) – traba**jando**
  sentar (*setzen*) – sent**ando**
- Verben der 2. und 3. Konjugation tauschen **-er** bzw. **-ir** gegen **-iendo**:
  comer (*essen*) – com**iendo**
  beber (*trinken*) – beb**iendo**
  vivir (*leben*) – viv**iendo**
  escribir (*schreiben*) – escrib**iendo**

Diese Form weist jedoch gewisse Unregelmäßigkeiten auf:

- Bei den Verben auf **-ir**, die im Indikativ Präsens die Stammvokalveränderung **e** zu **i** oder **e** zu **ie** erfahren, wird im Gerundium das **e** zu **i**.
  pedir (*bitten*) – p**i**diendo
  reír (*lachen*) – r**ie**ndo
  sentir (*fühlen*) – s**i**ntiendo
- Bei den Verben, deren Stamm auf Vokal endet, wird das **i** zwischen zwei Vokalen zu **y**:
  leer (*lesen*) – le**y**endo
  oír (*hören*) – o**y**endo
  ir (*gehen*) – **y**endo

- Bei den folgenden drei Verben wird der Stammvokal **o** zu **u**.
  dormir (*schlafen*) – d**u**rmiendo
  morir (*sterben*) – m**u**riendo
  poder (*können*) – p**u**diendo

Das Gerundium wird hauptsächlich zur Bildung der Verlaufsform verwendet, d. h. zur Bezeichnung einer Handlung, die gerade stattfindet, wobei der Verlauf der Handlung in besonderer Weise betont wird. In diesem Fall steht das Gerundium mit der konjugierten Form von **estar**.
¿Qué estás haciendo? Estoy trabajando. (*Was machst du da/ gerade? Ich arbeite (gerade).*)
Todavía está bebiendo. (*Er trinkt noch.*)

Im Spanischen gibt es zahlreiche Verbalkonstruktionen mit dem Gerundium:

seguir/ continuar	**Sigue/ Continúa leyendo, por favor.**	*Lies bitte weiter.*
llevar + *Zeitraum*	**Llevo seis años trabajando.**	*Ich arbeite seit 6 Jahre.*
ir	**Vamos siendo mayores.**	*Wir werden allmählich alt.*
acabar/ terminar	**Acabaron/ Terminaron mudándose.**	*Schließlich sind sie umgezogen.*

46

Ergänzen Sie die Lücken mit dem Infinitiv oder der Form des Gerundiums.

1. hacer – ________________
2. poder – ________________
3. ________________ – sintiendo
4. morir – ________________
5. querer – ________________
6. ________________ – escribiendo
7. ver – ________________
8. abrir – ________________

47

Schreiben Sie die Verlaufsform des Verbs in die Lücken.

1. ________________________ un buen libro. (leer, yo)
2. Vosotros ________________________ muy bien. (trabajar)

3. ______________________________ (continuar, caminar, tú)

4. Todavía ______________________________ la televisión. (estar, ver, nosotros)

5. Pedro ______________________________ una carta a su amiga. (estar, escribir)

§ 27 Die Personalpronomen

Pronomen werden auch Fürwörter genannt und stehen für andere Wörter, die durch sie ersetzt oder betont werden. Die einen beziehen sich auf Personen, die anderen auf etwas Abstraktes oder Unbekanntes. Mit manchen kann der Standpunkt des Sprechers zum bezeichneten Objekt verdeutlicht werden, wieder andere drücken Besitzverhältnisse aus.

Das Personalpronomen oder persönliches Fürwort fungiert meist als Subjekt im Satz:

	männlich und weiblich	nur männlich	nur weiblich
Singular	**yo** (*ich*)		
	tú (*du*)		
	usted, Ud. (*Sie*, Sg.)	**él** (*er*)	**ella** (*sie*, Sg.)
Plural		**nosotros** (*wir*)	**nosotras** (*wir*)
		vosotros (*ihr*)	**vosotras** (*ihr*)
	ustedes, Uds. (*Sie*, Pl.)	**ellos** (*sie*, Pl.)	**ellas** (*sie*, Pl.)

Die Personalpronomen im Spanischen werden im Satz oft weggelassen. Verwendet man jedoch die Personalpronomen, passiert dies meist zu einem bestimmten Zweck.

- Das Pronomen soll betont oder hervorgehoben werden:
  ¡Yo no he sido! (*Ich war es nicht!*)
- Jemand soll genau identifiziert werden:
  ¿Quién eres tú? (*Wer bist du?*)
- Es soll signalisiert werden, dass einen Personenwechsel in einem Gespräch statt findet:
  Soy holandés, ¿y tú? Yo soy española. (*Ich bin Holländer, und du? Ich bin Spanierin.*)

In ganz Lateinamerika ist die Form **vosotros** und **vosotras** ungebräuchlich, man verwendet stattdessen **ustedes**, auch wenn man jemanden duzt:
Spanien: **Carmen y Sonia, ¿venís?** (*Carmen und Sonia, kommt ihr?*)
Lateinamerika: **Carmen y Sonia, ¿vienen (Uds.)?** (*Carmen und Sonia, kommt ihr?*)

48

Kreuzen Sie das richtige Personalpronomen an.

1. Van de compras.
   - a. ellas
   - b. él
   - c. nosotros

2. ¿Quieres comer?
   - a. nosotros
   - b. ella
   - c. tú

3. Ha llamado por teléfono.
   - a. yo
   - b. él
   - c. ustedes

4. Estuvo en Barcelona.
   - a. usted
   - b. tú
   - c. nosotros

5. He llegado hoy.
   - a. tú
   - b. yo
   - c. ella

6. Estábamos trabajando.
   - a. nosotros
   - b. vosotros
   - c. ellos

§ 28 Die Demonstrativpronomen

Die Demonstrativpronomen weisen auf die Entfernung hin, die uns vom Erwähnten trennt.
Im Spanischen herrscht dabei grundsätzlich eine dreiteilige Anschauung des Raumes:

- Das Demonstrativpronomen **este/ esta** drückt aus, dass sich ein Gegenstand oder eine Person im direkten Bereich und in greifbarer Nähe des Sprechers befindet.
  ¿Quieres este libro? (*Willst du dieses Buch* (*hier*)*?*)
- Möchte man auf einen Gegenstand oder eine Person hinweisen, die sich in der Nähe des Sprechers befindet aber nicht greifbar ist oder die im Bereich des Gesprächspartners liegt, verwendet man das Demonstrativpronomen **ese/ esa**.
  No, quiero ese libro de allí. (*Nein, ich will jenes Buch.*)
- Befindet sich der Gegenstand oder die Person weder in der Nähe des Sprechers noch des Angesprochenen und ist er für beide nicht greifbar, verwendet man das Demonstrativpronomen **aquel/ aquella**.
  Vale, quieres aquel libro de allí. (*Ok, du willst das Buch da/ dort.*)

Die Demonstrativpronomen können sowohl das Substantiv begleiten als auch allein vorkommen; im letzten Fall tragen sie manchmal einen Akzent (**tilde**) zur Differenzierung.
¿Quieres esta silla? Sí, dame ésa. (*Willst du diesen Stuhl? Ja, gib mir den da.*)

49

Schreiben Sie das richtige Demonstrativpronomen in die Lücken.

1. Dame ________________ libro de allí.
2. ________________ vino está delicioso.
3. ________________ chicas están lejos.
4. Quiero ________________ pantalones, no aquéllos.
5. ________________ maleta está rota (*kaputt*), ésta no.

a. este b. esa c. aquellas d. estos e. aquel

50

Ersetzen Sie die unterstrichenen Wörter durch ein Demonstrativpronomen.

1. La chica rubia y la morena de allí. – *aquéllas*
2. El libro que está cerca mío. – ________________
3. El chico de allí se llama Juan. – ________________
4. La chaqueta que está a tu lado. – ________________

§ 29 Personalpronomen als direktes und indirektes Objekt im Satz

bezogen auf	direktes Objekt	indirektes Objekt
yo	me	me
tú	te	te
él	lo (le)*	le
ella	la	le
usted	lo (le)*, la	le
nosotros/as	nos	nos
vosotros/as	os	os
ellos	los (les)*	les
ellas	las	les
ustedes	los (les)*, las	les

* Wenn das direkte Objekt männlich ist und sich auf Menschen bezieht, dürfen auch die in Klammern stehenden Formen **le** und **les** verwendet werden. In der Regel werden diese Formen in Spanien verwendet, während man in Lateinamerika die echten Akkusativformen **lo** und **los** bevorzugt.

Gebrauch der Personalpronomen als Objekt:
Im Deutschen wird meist von Akkusativobjekt und Dativobjekt gesprochen, im Spanischen sind die Begriffe **objeto directo** und **objeto indirecto** (*direktes* und *indirektes Objekt*) geläufiger.

- direktes Objekt
  He visto la carta. La he visto. (*Ich habe die Karte gesehen. Ich habe sie gesehen.*)
  Te he visto a la salida del cine. (*Ich habe dich am Ausgang des Kinos gesehen.*)
  Lo/ le he visto, a Juan, en la tienda. (*Ich habe ihn, Juan, im Geschäft gesehen.*)
  La he visto, a Lola, en el trabajo. (*Ich habe sie, Lola, bei der Arbeit gesehen.*)
- indirektes Objekt
  La cena me ha gustado mucho. (*Das Abendessen hat mir sehr gut gescmeckt.*)
  Tráeme agua, por favor. (*Brig mir Wasser, bitte.*)

Diese Pronomen stehen immer unmittelbar vor dem Verb. Stehen im Satz zwei Pronomen direkt hintereinander, steht das indirekte immer vor dem direkten Objekt.
¿Quién te llama? (*Wer ruft dich an?*)
Ya te lo he dicho, me llama Juana. (*Ich habe es dir schon erzählt, mich ruft Juana an.*)
Das Objektpronomen kann an den Infinitiv und an das Gerundium und muss an den Imperativ angehängt werden, selbst wenn es sich um zwei Pronomen handelt:
¿Vamos a ver la nueva peli de Almodóvar? Sí, vamos a verla. (*Gehen wir den neuen Film von Almodovar sehen? Ja, gehen wir ihn sehen.*)
Estoy diciéndotelo todo el rato. / Te lo estoy diciendo todo el rato. (*Ich sage es dir ja die ganze Zeit.*)
¡Pásame la sal, pásamela, por favor! (*Gib mir das Salz, gib es mir, bitte!*)

Stehen zwei Objekte im Satz und stehen die indirekten Objekte **le**, **les** vor den direkten Objekten **lo**, **los**, **la**, **las**, werden **le** und **les** immer zu **se**:
Mañana le doy el libro. (*Morgen gebe ich ihm/ ihr/ ihnen/ Ihnen das Buch.*)
Mañana se lo doy. (*Morgen gebe ich es ihm/ ihr/ ihnen/ Ihnen.*)

Die Verben **encantar** (*begeistern, mögen*) und **gustar** (*gefallen, schmecken*) werden mit den indirekten Pronomen verwendet. Sie stimmen mit dem Subjekt überein:
Me gusta el pescado. (*Mir schmeckt der Fisch.*)
Le encanta su vestido nuevo. (*Ihr gefällt ihr neues Kleid sehr.*)

51

Schreiben Sie die richtigen Personalpronomen in die Lücken.

1. Ya he visto la película. _______ he visto.
2. ¿Has llamado a tus padres? Sí, _______ he llamado.
3. Me he encontrado (*getroffen*) con Susana, _______ hemos visto en un bar.
4. ¿Has comprado el pan? No, no _______ he comprado.
5. Ayer le compré un vestido nuevo, _______ _______ compré, sí.

52

Ergänzen Sie die Endung des Verbs mit den richtigen Personalpronomen.

1. Me gustaría probár_________. (probarse, el vestido)
2. ¡Cóme_________! (comer, tú, la comida)
3. ¡Tráe_________, por favor! (traer, nosotros, el agua)
4. Estoy llamándo_____, a Juan. (llamar)

§ 30 Verdoppelung des indirekten Pronomens

Die normale Wortstellung im Spanischen (nicht bei Pronomen) lautet:
Subjekt – Verb – direktes Objekt – indirektes Objekt
Soll das indirekte Objekt betont werden, kann dieses an den Satzanfang vor das Verb gestellt werden. In dem Fall muss es durch das entsprechende Pronomen wiederholt werden.
La maleta <u>te</u> la llevo <u>a ti</u>. (*Ich trage dir den Koffer.*)
<u>El dinero</u> lo lleva Pepa. (*Das Geld hat Pepa bei sich.*)
Besonders auffällig ist die Wiederholung des indirekten Objekts durch das entsprechende Pronomen bei Verben wie **gustar** (*gefallen, schmecken*), **encantar** (*begeistern, mögen*), **doler** (*schmerzen*). Das Objekt ist bei diesen Verben häufig emotional belegt, so dass es eine besondere Betonung erfährt und in der Regel vorangestellt wird.
<u>A mí</u> <u>me</u> gusta el buen vino. (*Mir schmeckt der gute Wein.*)
<u>A mí</u> <u>me</u> encanta el cine. (*Mir gefällt das Kino sehr.*)
<u>A mí</u> <u>me</u> duele una muela. (*Ich habe Zahnschmerzen.*)

53

Schreiben Sie die richtigen indirekten Pronomen in die Lücken.

1. A ti ______ gusta viajar.
2. A él ______ duele el estómago.
3. A ella ______ llevo los pantalones nuevos.
4. A nosotros ______ gustaría tocar (*spielen*) la guitarra.
5. A mí ______ encanta levantarme temprano.

§ 31 Die Reflexivpronomen

Reflexiv oder rückbezüglich bedeutet nichts anderes, als dass die Handlung auf den Handelnden zurückfällt. Man ist sowohl Subjekt als auch Objekt der Handlung.

	lavarse	
	(*sich waschen*)	
yo	**me**	lavo
tú	**te**	lavas
él/ ellas/ Ud.	**se**	lava
nosotros/as	**nos**	lavamos
vosotros/as	**os**	laváis
ellos/as/ Uds.	**se**	lavan

Im Spanischen haben direkte und indirekte Reflexivpronomen die gleichen Formen.
<u>Me</u> lavo por las tardes. (*Ich wasche <u>mich</u> abends.*)
<u>Me</u> lavo las manos. (*Ich wasche <u>mir</u> die Hände.*)
Das Reflexivpronomen steht vor der konjugierten Verbform und hinter der Verneinung. Es kann an den Infinitiv und an das Gerundium und muss an den Imperativ angehängt werden.
Miguel <u>se</u> ha afeitado. (*Miguel hat sich rasiert.*)
Miguel <u>no se</u> ha afeitado. (*Miguel hat sich nicht rasiert.*)
Miguel quiere afeitar<u>se</u>. (*Miguel möchte sich rasieren.*)
Miguel está afeitándo<u>se</u>. (*Miguel rasiert sich gerade.*)

54

Kreuzen Sie die richtige Aussage an.

1. Ich wasche mir die Hände.
   - a. Se las lava.
   - b. Se las lavó.
   - c. Me las lavo.

2. Er duscht sich gerade.
   - a. Se está afeitando.
   - b. Se están duchando.
   - c. Él está duchándose.

3. Sie hat sich geschminkt.
   - a. Se está maquillando.
   - b. Se ha maquillado.
   - c. ¡Maquíllate!

4. Setzen Sie sich!
   - a. ¡Siéntese! / ¡Siéntense!
   - b. ¡Sentaos!
   - c. Ustedes se han sentado.

5. Wir haben uns noch nicht geduscht.
   - a. Ellos no se han duchado aún.
   - b. No nos hemos duchado todavía.
   - c. Nos hemos duchado ya.

6. Ich gehe jetzt.
   - a. Me voy ya.
   - b. Me he ido.
   - c. Te vas ahora.

§ 32 Die Interrogativpronomen

Die Interrogativpronomen, auch Fragewörter genannt, verwendet man, um Fragen zu stellen. Im Spanischen bleibt bei der Frage die Wortstellung innerhalb des Satzes gleich, es ist die Satzmelodie, die aus einem Aussage- einen Fragesatz macht. In diesem Fall hebt sich die Stimme am Ende des Satzes.

quién, -es	*wer*	cuánto, -a, -os, -as	*wie viel* *wie lange* *wie oft*
qué	*was* *wie viel* *was für ein(e)* *welche(r)*	dónde	*wo*
		adónde	*wohin*
por qué	*warum*	de dónde	*woher*
cómo	*wie*	cuál, -es	*welche(r)*

Die Interrogativpronomen findet man natürlich auch in indirekten Fragen:
No sé por qué estás tan triste. (*Ich weiß nicht, warum du so traurig bist.*)
oder als Ausruf:
¡Qué bien te queda el vestido! (*Wie gut dir das Kleid steht!*)
¡Cómo no! (*Aber klar!*)
Alle Interrogativpronomen tragen einen Akzent, um sie von anderen Formen zu unterscheiden.

55

Bilden Sie die passenden Fragen zu den folgenden Antworten.

1. Un kilo de peras cuesta 1,95 euros.

   ____

2. Ellos son mis suegros.

   ____

3. Nosotros vivimos en las Palmas de Gran Canaria.

   ____

4. Me llamo Francisco Rodríguez.

   ____

5. Vengo del trabajo.

   ____

6. Esta tarde querían ir al cine.

   ____

7. El chico de los ojos azules es mi primo Ignacio.

   ____

8. Creo que tengo cuatro pantalones y tres faldas.

   ____

§ 33 Die Possessivpronomen

Im Spanischen gibt es zwei Arten von Possessivpronomen, auch besitzanzeigenden Pronomen genannt: Die unbetonte Form, die vor dem Substantiv gebraucht wird, und die alleinstehende, betonte Form.

Besitzer ist	unbetonte Form	betonte Form
yo	**mi**	**mío, -a**
	mis	**míos, -as**
tú	**tu**	**tuyo, -a**
	tus	**tuyos, -as**
él/ ella/ usted	**su**	**suyo, -a**
	sus	**suyos, -as**
nosotros, -as	**nuestro, -a**	**nuestro, -a**
	nuestros, -as	**nuestros, -as**
vosotros, -as	**vuestro, -a**	**vuestro, -a**
	vuestros, -as	**vuestros, -as**
ellos/ ellas/ Uds.	**su**	**suyo, -a**
	sus	**suyos, -as**

An der Form erkennt man schnell, wer als Besitzer angesprochen wird. Die Endung dagegen richtet sich nach dem bezeichneten Objekt.
Die unbetonte Form des Possessivpronomens steht immer vor einem Substantiv.
Es mi gato. (*Diese ist meine Katze.*)

Die betonte Form des Possessivpronomens steht
- nach einem Substantiv:
  Él tiene unos cedés míos. (*Er hat einige meiner CDs.*)
- nach dem Verb **ser** im Sinne von *gehören*:
  El gato es mío. (*Die Katze gehört mir.*)
- nach dem Artikel, wenn das Substantiv nicht wiederholt werden soll:
  ¿Cuál es tu gato? El mío es el negro. (*Welche ist deine Katze? Meine ist die schwarze.*)

Für die dritte Person Singular gibt es nur das Possessivpronomen **su**, für die dritte Person Plural nur **sus**.
Lola vive con sus padres. (*Lola wohnt bei ihren Eltern.*)
Pepe y su amiga tienen una casa. (*Pepe und seine Freundin haben ein Haus.*)

56

Schreiben Sie die richtigen Possessivpronomen in die Lücken.

1. No, no es ________ libro, es ________, me pertenece (*gehört mir*).
2. Felipe ha ido a visitar a ________ familia.
3. María Luisa y Lola están viendo ________ fotos de boda.
4. Esa falda es ________, llévatela.
5. Me gusta mucho ________ casa, es bonita.
6. Ese coche de ahí es de ellos, es ________.

a. su   b. tuya   c. sus   d. tu   e. mío   f. suyo   g. vuestra

§ 34 Die unpersönliche Form

Se mit der 3. Person des konjugierten Verbs bildet die unpersönliche Form im Spanischen und wird häufig als Umschreibung des Passivs benutzt.
Aquí se habla catalán. (*Hier spricht man Katalanisch.*)
Se ha visto mucho esa película. (*Dieser Film wurde viel/ oft gesehen.*)
Wird ein reflexives Verb unpersönlich gebraucht, so benötigt man die Konstruktion **uno/a se**:
Uno se afeita todas las mañanas. (*Man rasiert sich jeden Morgen.*)

57

Bilden Sie unpersönliche Sätze mit den folgenden Wörtern.

1. en – hotel – hablar – este – se – inglés – alemán – y

   ____

2. los – sábados – maquillarse – una – todos

   ____

3. se – vender – frías – bebidas

   ____

4. hacer – se – a medida (*nach Maß*) – en – zapatos – tienda – esta

   ____

§ 35 Die Verneinung

No kann sowohl **nein** als auch **nicht** bedeuten.
No, no voy a ir al cine. (*Nein, ich werde nicht ins Kino gehen.*)
Die Verneinung im Spanischen verstößt eigentlich gegen die Logik, folgt aber einfachen Regeln:

- Die Negation **no** steht immer vor dem konjugierten Verb.
  María Luisa no está en la universidad. (*María Luisa ist nicht an der Uni.*)
  No hemos estado en Barcelona. (*Wir sind nicht in Barcelona gewesen.*)
- Oder **no** steht vor dem unbetonten Dativ-, Akkusativ- oder Reflexivpronomen.
  María Luisa no me lo ha dicho todavía. (*María Luisa hat es mir noch nicht gesagt.*)
  No lo he visto. (*Ich habe ihn nicht gesehen.*)
- Wenn Wörter der Negation wie **nada** (*nichts*), **nadie** (*niemand*), **ninguno** (*kein, -e*), **nunca** (*nie, niemals*), **ni... ni...** (*weder ... noch ...*) oder **tampoco** (*auch nicht*) am Anfang des Satzes stehen, wird keine weitere Verneinung benötigt. Treten sie jedoch erst nach dem Verb auf, so muss **no** dazu vor dem Verb stehen, man bildet die so genannte Doppelnegation.
  Nadie me conocía en la fiesta. (*Niemand kannte mich auf der Party.*)
  No me conocía nadie en la fiesta. (*Niemand kannte mich auf der Party.*)
  Tampoco lo sabe él. (*Er weiß es auch nicht.*)
  No lo sabe tampoco él. (*Er weiß es auch nicht.*)

58

Verneinen Sie die folgenden Sätze. Fangen Sie immer mit **no** an.

1. Me gusta el pescado.

   ____

2. He ido de excursión a Beceite.

   ____

3. Siempre me ducho por la tarde.

   ____

4. Todos han venido.

   ____

5. Ella lo sabe y él también.

   ____

A

	a causa de	*wegen, aufgrund*
	a convenir	*nach Vereinbarung*
	a excepción de	*abgesehen von*
	a la derecha/ izquierda (de)	*rechts/ links (von)*
	a la parrilla	*gegrillt*
	a la vuelta de la esquina	*um die Ecke*
	a lo largo de	*im Laufe + Gen*
	a mano derecha/ izquierda	*auf der rechten/ linken Seite, rechts/ links*
	a medida	*nach Maß*
	a menudo	*oft, häufig*
	a pesar de	*trotz*
	a través de	*durch, mittels*
	a veces	*manchmal*
	(a)delante	*vorne, vorwärts*
	abajo	*unten*
	abierto/a	*aufgeschlossen, auf, geöffnet*
el	abrazo	*Umarmung*
el	abrigo	*Mantel*
	abril	*April*
	abrir	*(er)öffnen*
el/ la	abuelo/a	*Großvater/ Großmutter*
	aburrido/a	*langweilig*
	acá	*hier*
	acabar	*enden, ausgehen*
el	accidente	*Unfall*
el	aceite	*Öl*
el	acento	*Akzent*
	acerca de	*über*
	acompañar	*begleiten*
	acordarse de	*sich an etw./ jdn. erinnern*
	acostarse	*sich hinlegen, ins Bett gehen*
la	actividad	*Beschäftigung*
el/ la	actor/ actriz	*Schauspieler/in*
	actual	*aktuell*
	actualmente	*zur Zeit*
	además	*außerdem*
	además de	*neben, zusätzlich zu*
	¡adiós!	*Tschüss!*
el	adjetivo	*Adjektiv*
el	admirador	*Bewunderer*
la	admisión	*Aufnahme*
	adónde	*wohin*
el	aeropuerto	*Flughafen*
	afeitarse	*sich rasieren*
la	afición	*Hobby*
	agosto	*August*
el	agua (Fem.)	*Wasser*
el	agua mineral	*Mineralwasser*
las	aguas (Pl.)	*Gewässer*
el	águila (Fem.)	*Adler*
	ahí	*da*
	ahora	*jetzt, heutzutage*
	ahorrar	*sparen*
el	ají	*Paprika*
el	ajo	*Knoblauch*
	al final	*am Ende*
	al fondo	*ganz hinten*
	al lado (de)	*(da)neben, in der Nähe von*
	al menos	*zumindest*
el	ala (Fem.)	*Flügel*
el	alcohol	*Alkohol*
el/ la	alemán/ alemana	*Deutsche/er, deutsch*
	algo	*etwas*
	alguien	*jemand*
	algún/ alguno/a	*jemand*

	alguna vez	*manchmal*
	allá	*dort*
	allí	*dort*
la	almohada	*Kissen*
	almorzar	*zu Mittag essen*
el	almuerzo	*Mittagsessen*
	alquilar(se)	*vermieten, mieten*
el	alquiler	*Miete*
	alrededor de	*um... herum, ringsherum*
	alterar	*in Unruhe versetzen*
la	altura	*Höhe*
el	ama de casa	*Hausfrau*
	amable	*freundlich*
	amargo/a	*bitter*
	amarillo/a	*gelb*
la	ambigüedad	*Doppeldeutigkeit*
	ambiguo/a	*doppeldeutig*
el/ la	amigo/a	*Freund/in*
	amoblar	*möblieren*
el	amor	*Liebe*
	amueblado/a	*möbliert*
el	analgésico	*Schmerzmittel*
	ancho/a	*weit, breit*
	andar	*(zu Fuß) gehen*
el	animal	*Tier*
el	año	*Jahr*
	anoche	*gestern Nacht*
	ante	*vor, angesichts*
	anteayer	*vorgestern*
	antes	*früher*
	antes de	*vor*
	antiguamente	*ehemals, damals*
la	antigüedad	*Antiquität*
	antiguo/a	*alt, altertümlich*
	antiquísimo/a	*antik*
el	anuncio	*Anzeige*
el	apellido	*Nachname*
	apetecer	*Lust haben auf*
	aprender	*lernen, erfahren*
	aquél/ aquélla	*diese/r/s, der/ die/ das dort*
	aquí	*hier*
el	árbol	*Baum*
el	armario	*Schrank*
el/ la	arquitecto/a	*Architekt/in*
	arreglarse	*sich zurechtmachen*
	arriba	*oben*
el	arroz	*Reis*
el	ascensor	*Aufzug*
	así	*so*
	atlántico/a	*Atlantik-*
	atrás	*hinten, rückwärts*
	aún	*noch*
	aunque	*obwohl*
el	autobús	*Bus*
	autónomo	*selbstständig, unabhängig*
el/ la	auxiliar	*Arzthelfer/in*
el	ave (Fem.)	*Vogel, Geflügel*
la	avenida	*Allee*
el	avión	*Flugzeug*
el	aviso	*Warnung*
	ayer	*gestern*
la	ayuda	*Hilfe*
el	ayuntamiento	*Rathaus*
la	azafata	*Stewardess*
el	azúcar	*Zucker*
	azul	*blau*

B

	bailar	*tanzen*
el	baile	*Tanz*
	bajar	*hinuntergehen, absteigen*

	bajo	*unter*
	bañarse	*(sich) baden*
el	banco	*Bank*
la	bañera	*Badewanne*
el	baño	*Badezimmer*
el	bar	*Kneipe, Bar*
la	barba	*Bart*
el	barco	*Schiff*
la	barra de pan	*Baguette*
el	barrio	*(Stadt)viertel*
	bastante	*ziemlich*
	bastar	*genügen*
la	basura	*Abfall*
	beber	*trinken*
la	bebida	*Getränk*
el/ la	belga	*Belgier/in, belgisch*
el	beso	*Kuss*
la	biblioteca	*Bibliothek*
la	bicicleta	*Fahrrad*
	bien	*gut*
el	bigote	*Schnurrbart*
	bilingüismo	*Zweisprachigkeit*
el	billete	*(Fahr)schein*
el	billete de lotería	*Lotterielos*
la	bisutería	*Modeschmuck*
	blanco/a	*weiß*
la	blusa	*Bluse*
	bobo	*albern, dumm*
la	boca	*Mund*
la	boda	*Hochzeit*
la	bolsa	*Beutel, Tüte*
el	bolso	*Tasche*
el/ la	bombero/a	*Feuerwehrmann/frau*
	bonito/a	*schön, hübsch*
el	bono	*Mehrfahrtenkarte*
el	bosque	*Wald*
la	bota	*Stiefel*
la	botella	*Flasche*
la	botella retornable	*Pfandflasche*
el	brazo	*Arm*
el	brik	*Packung*
	brindar por	*anstoßen auf*
	bucear	*tauchen*
	buen(o)/a	*gut*
el	buey	*Ochse*
	buscar	*suchen*
el	buzón	*Briefkasten*

C

el	caballero	*Herr, Gentleman*
el	caballo	*Pferd*
	caber	*hineinpassen*
la	cabeza	*Kopf*
el	cacique	*Dorftyrann*
	cada	*jede/r/s*
	cada vez más	*immer mehr*
la	cadena de música	*Stereoanlage*
	caer	*fallen*
el	café	*Kaffee*
el	café solo	*Espresso*
la	caja fuerte	*Safe*
el	calcetín	*Socke*
la	calefacción	*Heizung, Heizkörper*
la	calidad de vida	*Lebensqualität*
	caliente	*warm, heiß*
la	calle	*Straße*
el	calor	*Hitze*
	calvo/a	*kahl(köpfig)*
la	cama	*Bett*
la	cama de matrimonio	*Doppelbett*
la	cámara digital	*Digitalkamera*

el/ la	camarero/a	*Kellner/in, Ober*
	cambiar	*wechseln, umtauschen, umsteigen*
el	cambio climático	*Klimawandel*
	caminar	*(zu Fuß) gehen*
el	camino	*Weg*
el	camión	*LKW*
la	camisa	*Hemd*
la	campana	*Glocke*
la	campaña	*Land, Feldzug*
el	campo	*Land, Acker, Feld*
la	cana	*graues Haar*
la	caña	*Rohr, Halm*
	cansado/a	*anstrengend, müde*
	cansarse	*müde werden, etw. überdrüssig werden*
el/ la	cantante	*Sänger/in*
	cantar	*singen*
la	cantina	*Kantine*
la	capa	*Umhang*
el	carajillo	*Espresso mit Schuss*
la	caricia	*Liebkosung*
el	carnaval	*Fasching*
la	carne	*Fleisch*
	caro/a	*teuer*
el	carro	*Karren*
la	carta	*Karte, Brief*
el/ la	cartero	*Briefträger/in*
la	casa	*Haus*
	casado/a	*verheiratet*
	casi	*fast, kaum*
	casi nunca	*selten*
el	castellano	*Kastilisch(e), Spanisch(e)*
el	castillo	*Schloss, Burg*
el	catalán	*Katalanisch(e)*
el	catarro	*Erkältung*
la	catástrofe	*Katastrophe, Unglück*
la	cebolla	*Zwiebel*
el	cedé (CD)	*Compact Disc, CD*
	ceder	*nachlassen*
la	ceguera	*Blindheit*
	celebrar	*feiern*
la	cena	*Abendessen*
	cenar	*zu Abend essen*
el	céntimo	*Cent, Eurocent*
	central	*Haupt-*
el	centro	*Zentrum*
el	centro comercial	*Einkaufszentrum*
el	centro de información	*Informationsbüro*
la	cera	*Wachs*
	cerca	*nah, in der Nähe*
el	cerdo	*Schwein*
	cero	*Null*
el	cerrojo	*Riegel*
la	cerveza	*Bier*
la	cesta	*Korb*
la	chaqueta	*Jacke*
el	charco	*Pfütze*
el/ la	chico/a	*Junge/ Mädchen, junger Mann/ junge Frau*
el	chocolate	*Schokolade*
el	cielo	*Himmel*
	cierto/a	*wahr, richtig*
la	cigüeña	*Storch*
	cinco	*fünf*
el	cine	*Kino*
el	cinturón	*Gürtel*
la	ciudad	*Stadt*
	claro	*hell*
la	clase	*Unterricht*
el/ la	cliente/a	*Kunde/in*

el	club	*Klub*
	cocer	*kochen*
el	coche	*Auto*
la	cocina	*Küche*
	cocinar	*kochen, vorbereiten*
el/ la	cocinero/a	*Koch/ Köchin*
el	coco	*Kokosnuss*
el	codo	*Ellbogen*
	coger	*nehmen*
	colectivo/a	*gemeinsam*
el	colegio	*Schule*
	colgar	*hängen*
el	comedor	*Speisesaal, Wohnzimmer*
	comer	*essen*
la	comida	*Essen*
	cómo	*wie*
	como	*(so)wie, als*
el/ la	compañero/a	*(Arbeits)kollege*
	complicado/a	*kompliziert, schwierig*
la	compra	*Einkauf*
	comprar(se)	*(ein)kaufen*
la	comunidad	*autonome Region*
	con	*mit*
	con frecuencia	*oft, häufig*
	con mucho gusto	*mit Vergnügen*
	con tarjeta	*mit Karte*
	con vistas a	*mit Blick auf*
el	coñac	*Brandy*
	concienciar	*sensibilisieren*
	concienciarse	*sensibilisiert werden*
la	conclusión	*Schlussfolgerung*
la	condición	*Bedingung*
	conducir	*fahren, führen*
	conocer(se)	*(sich) kennen (lernen)*
	conocido/a	*bekannt*
la	consecuencia	*Folge*
la	consulta	*Praxis*
la	contaminación	*Umweltverschmutzung*
	contar	*(er)zählen*
	continuar	*weiter etwas tun*
	continuo/a	*ständig, ununterbrochen*
	contra	*gegen*
el	control	*Kontrolle, Überwachung, Aufsicht*
	controlar	*überwachen*
	convivir	*zusammenleben*
la	copa	*Weinglas, Getränk*
el	coraje	*Mut*
la	corbata	*Krawatte*
el	correo	*Post*
	correr	*laufen, rennen*
	cortado	*Espresso mit Schuss Milch*
el	corte	*Schnitt*
	corto/a	*kurz, knapp*
la	cosa	*Sache, Ding*
las	cosas de valor	*Wertsachen*
la	costa	*Küste*
	costar	*kosten, teuer sein*
la	cota alta	*Hochlage*
	crecer	*wachsen, zunehmen*
	creer	*glauben*
el	cristal	*Glas*
el	cruce	*Kreuzung*
la	cruz	*Kreuz*
	cruzar	*überqueren*
	cuál/es	*welche/r/s*
	cuando	*als, wenn*
	cuándo	*wann*

	cuánto/a	*wie viel(e)*
el	cuarto	*Zimmer*
	cuarto	*viertel*
el	cuarto de baño	*Badezimmer*
	cuarto/a	*vierte/r/s*
	cuatro	*vier*
el/ la	cubano/a	*Kubaner/in, kubanisch*
la	cucaracha	*Kakerlak*
la	cuenta	*Rechnung*
el	cuidado	*Sorgfalt, Vorsicht*
la	cultura	*Kultur*
el	cumpleaños	*Geburtstag*
	cumplir	*ausführen, erledigen*
	cumplir años	*... Jahre alt werden*
el/ la	cuñado/a	*Schwager/ Schwägerin*

D

el/ la	danés/ danesa	*Däne/in, dänisch*
	dar	*geben*
	dar hora	*einen Termin geben, die Uhrzeit sagen*
el	dato	*Angabe*
los	datos personales	*Personalien*
	de	*von, aus*
	de día	*tagsüber*
	de dónde	*woher*
	de mañana	*früh am Morgen*
	de momento	*vorerst, zunächst*
	de noche	*nachtsüber*
	de primero/ segundo	*als erster/ zweiter Gang*
	de repente	*plötzlich*
	(de) segunda mano	*secondhand, gebraucht*
	debajo de	*unter, untendrunter*
	debido a	*aufgrund, wegen*
	débil	*schwach, leicht*
la	década	*Jahrzehnt*
la	decadencia	*Dekadenz, Niedergang*
	decidir	*beschließen, entscheiden*
el	décimo de lotería	*Lotterielos*
	décimo/a	*zehnte/r/s*
	decir	*sagen, äußern*
	dedicarse	*beruflich etwas machen*
el	dedo	*Finger*
los	dedos de la mano	*Finger*
los	dedos del pie	*Zehen*
la	deforestación	*Entwaldung*
	delante de	*vor, vorne*
	delicioso/a	*köstlich*
	demasiado	*zu viel*
el/ la	dentista	*Zahnarzt/ Zahnärztin*
	dentro	*innen*
	dentro de	*in, innerhalb*
	depender de	*abhängen von*
el	deporte	*Sport*
	deprisa	*schnell*
la	derecha	*rechte Seite, rechts*
	derecho	*geradeaus*
	desayunar	*frühstücken*
el	desayuno	*Frühstück*
el	descanso	*Pause*
	descubrir	*entdecken*
	desde	*von, aus, seit, ab*
	desear	*wünschen, begehren*
la	desgracia	*Unglück*

	deshacer	*zerlegen*
el	desodorante	*Deo(spray)*
el	despacho	*Büro*
la	despedida	*Abschied*
	despertar	*aufwecken, aufwachen*
	despertarse	*aufwachen*
	después	*danach*
	después de	*nach*
	detrás	*hinten*
	detrás de	*hinter*
el	de-uve-de (DVD)	*DVD*
el	día	*Tag*
la	diarrea	*Durchfall*
	diciembre	*Dezember*
la	dictadura	*Diktatur*
el	diente	*Zahn*
la	diéresis	*Pünktchen*
	diferente	*verschieden*
	difícil	*schwer*
el	dinero	*Geld*
el	diptongo	*Doppellaut*
la	dirección	*Richtung, Adresse*
	dirigir	*leiten, führen*
	distinto/a	*anders, unterschiedlich*
	divertido/a	*lustig*
	divertir(se)	*(sich) amüsieren*
	divorciado/a	*geschieden*
	doble	*doppelt*
la	docena	*Dutzend*
el/ la	doctor/a	*Doktor/in, Arzt/ Ärztin*
	doler	*schmerzen*
el	dolor	*Schmerz, Beschwerde*
	domingo	*Sonntag*
	don/ doña	*Don/ Doña, Herr/ Frau*
	donde	*wo, wohin, woher*
	dónde	*wo, wohin, woher*
	dormir	*schlafen*
el	dormitorio	*Schlafzimmer*
	dos	*zwei*
la	ducha	*Dusche*
	ducharse	*sich duschen*
el	duelo	*Duell*
	dulce	*süß*
	durante	*während*
	durar	*andauern*
	duro/a	*hart*

E

	echar de menos	*etw./ jdn. vermissen*
	echar(se)	*(ein)werfen, sich hinlegen*
	ecológico/a	*ökologisch*
la	economía	*Wirtschaft*
	económico/a	*preiswert, wirtschaftlich*
la	edad	*Alter*
	efectuar su salida	*starten, abfahren*
	él	*er, ihn, ihm*
	el/ la	*der/ die*
la	ele	*L*
	elegante	*elegant*
la	eliminación de basuras	*Müllentsorgung*
	ella	*sie, ihr*
la	elle	*Doppel-L*
	ellos/as (Pl.)	*sie, ihnen*
el	email	*E-Mail*
el	embarazo	*Schwangerschaft*
el	eme-pe-tres	*Mp3-Player*
	empezar (a)	*anfangen*

la	empresa	*Firma, Unternehmen*
	en	*in, auf, an*
	en efectivo	*bar*
	en medio de	*mitten in*
	en peligro	*in Gefahr*
	en punto	*genau, Punkt (Uhrzeit)*
	en vez de	*statt, anstelle*
	enamorarse	*sich verlieben*
	encantado/a	*angenehm, (sehr) erfreut*
	encantar	*begeistern, mögen*
	encima	*obendrauf*
	encima de	*auf*
	encontrar	*finden, treffen*
	encontrarse bien/ mal	*sich gut/ schlecht fühlen*
la	encuesta	*Umfrage*
la	energía	*Energie*
	enero	*Januar*
el/ la	enfermero/a	*Krankenschwester, Krankenpfleger*
	enfermo/a	*krank*
	enfrente (de)	*gegenüber (von)*
	enriquecer	*bereichern*
	enrojecer	*erröten*
la	ensalada mixta	*gemischter Salat*
	¡enseguida!	*sofort!*
	entender	*verstehen*
	entonces	*dann, danach*
el	entrante	*Vorspeise*
	entre	*zwischen*
la	entrevista	*Interview*
	entrevistador/a	*Interviewer/in*
	entrevistar a	*jdn. interviewen*
el	equipaje	*Gepäck*
el	equipo	*Team, Mannschaft*
	es mejor	*es ist besser*
la	escalada	*Bergsteigen*
	escalar	*klettern*
la(s)	escalera(s)	*Treppe*
	escondido/a	*versteckt*
	escribir	*schreiben*
	escuchar	*zuhören*
la	escuela	*Schule*
	ese/ esa	*diese/r/s*
la	espalda	*Rücken*
el	español	*Spanisch(e)*
el/ la	español/a	*Spanier/in, spanisch*
la	especie	*Art*
el	espejo	*Spiegel*
	esperar	*(er)warten*
el	esplendor	*Pracht*
la	esquina	*Ecke*
la	estación	*Bahnhof, Haltestelle*
la	estación del año	*Jahreszeit*
el	estado plural	*Vielvölkerstaat*
la	estancia	*Aufenthalt*
	estar	*sein, liegen, stehen*
	estar de acuerdo	*gleicher Meinung sein*
	estar parado/a	*arbeitslos sein*
el	este	*Ost*
	este/ esta	*diese/r/s*
	estimado/a…	*sehr geehrte/r …*
el	estómago	*Magen*
	estornudar	*niesen*
	estrecho/a	*eng*
	estudiar	*untersuchen, lernen, studieren*

el	estudio	*Forschung, Studium*
la	etapa	*Phase, Zeit, Epoche*
	euro(s)	*Euro*
el	euskera	*Baskisch(e)*
	exacto/a	*genau*
	excepto	*abgesehen von, außer*
la	excursión	*Ausflug*
	existir	*vorhanden sein, existieren*
el	éxito	*Erfolg*
	exterior	*ausländisch, von Außen*
la	extinción	*Aussterben*

F

	fácil	*leicht*
la	falda	*Rock*
las	Fallas de Valencia	*Volksfest in Valencia am Sankt-Josefs-Tag (19. März)*
	falso/a	*falsch*
la	familia	*Familie*
	fantástico/a	*wunderbar*
el/ la	farmacéutico/a	*Apotheker/in*
la	farmacia	*Apotheke*
	febrero	*Februar*
la	fecha	*Datum*
la	felicitación	*Glückwunsch*
	feliz	*glücklich*
	femenino/a	*weiblich*
	feo/a	*hässlich*
la	ficha de inscripción	*Anmeldeformular*
la	fiebre	*Fieber*
la	fiesta	*Feier, Party*
la(s)	Fiesta(s) del Pilar	*In Oktober wird jedes Jahr das Fest der heiligen Jungfrau Pilar in Saragossa gefeiert.*
el	fin de semana	*Wochenende*
	finalmente	*schließlich*
el	flan	*Pudding*
la	flor	*Blume*
el	formulario	*Formular*
	fortísimo/a	*sehr stark*
la	foto	*Foto*
el/ la	francés/ francesa	*Franzose/ Französin, französisch*
	freír	*(an)braten*
	frente (a)	*gegenüber, angesichts*
la	fresa	*Erdbeere*
el	frío	*Kälte*
	frío/a	*kalt*
	frito/a	*gebraten*
la	fruta	*Obst*
la	fruta del tiempo	*Obst der Saison*
	fuera	*draußen*
	fuera de	*außerhalb von, außen von*
	fuerte	*stark*
la	fuerza	*Kraft*
la	función	*Funktion, Tätigkeit*
el	fútbol	*Fußball*
el/ la	futbolista	*Fußballspieler/in*
el	futuro	*Zukunft(sform)*
el	futuro inmediato	*nahe Zukunft*

G

la(s)	gafa(s)	*Brille*
el	gallego	*Galicisch(e)*
el/ la	gallego/a	*Galicier/in, galicisch*
la	gana	*Lust, Appetit*
el	ganso	*Gans*
el	garaje	*Garage, Parkplatz*
el	gas	*Gas*
la	gasolinera	*Tankstelle*
el	gato	*Katze*
la	gente	*Leute*
el	gimnasio	*Sportstudio*
el	gitano/a	*Zigeuner/in*
	global	*global, Gesamt-*
el	gobierno	*Regierung*
la	gota	*Tropfen*
	grabar	*aufnehmen*
	¡gracias!	*danke!*
	gran/ grande	*groß, bedeutend*
la	grasa	*Fett*
la	gripe	*Grippe*
	guapo/a	*hübsch*
la	guaracha	*Tanz aus Lateinamerika*
	guardar	*bewachen, beschützen*
	guardar cama/ reposo	*im Bett bleiben*
la	guerra	*Krieg*
la	guerra civil	*Bürgerkrieg*
la	guerrilla	*Guerilla*
la	guitarra	*Gitarre*
el	gusano	*Wurm*
	gustar	*gefallen, schmecken*
el	gusto	*Geschmack(ssinn)*

H

	haber	*haben, sein*
la	habitación	*Zimmer*
le	habitación doble	*Doppelzimmer*
	hablar	*sprechen*
	hacer	*machen, treiben, backen*
	hacer falta	*brauchen*
	hacer las maletas	*die Koffer packen*
	hacerse viejo/a	*alt werden*
el	hacha (Fem.)	*Axt*
	hacia	*nach, gegen, circa*
	hanseático/a	*Hanse-*
el	harakiri	*Harakiri*
	hasta	*bis, sogar, inklusive*
	hay	*es gibt*
	hay peligro de	*es besteht Gefahr*
el	haya (Fem.)	*Buche*
el	hecho	*Tatsache*
el	helado	*Eiscreme*
	herir(se)	*(sich) verletzen*
el/ la	hermano/a	*Bruder/ Schwester*
la	herramienta	*Werkzeug*
el	hidalgo	*Junker*
el	hierro	*Eisen*
el	higo	*Feige*
el/ la	hijo/a	*Sohn/ Tochter*
los	hijos (Pl.)	*Kinder*
el/ la	hindú	*Inder(in), Hindu*
	Hispania	*alter Name der Pyrenäenhalbinsel*
la	historia	*Geschichte*
el	hobby	*Hobby*
el	hockey	*Hockey*
	¡hola!	*hallo!*

el/ la holandés/ holandesa	*Holländer/in, holländisch*
holgazán/ holgazana	*faul*
el hombre	*Mann*
la hora	*Stunde, Uhr(zeit)*
la hora de consulta	*Sprechstunde*
el horno	*(Back)ofen*
el horror	*Horror, Gräuel*
el hospital	*Krankenhaus*
el hotel	*Hotel*
hoy (en día)	*heutzutage*
el huevo	*Ei*
huir	*fliehen*
hundir(se)	*untergehen*

I

la iglesia	*Kirche*
igual	*gleich*
importante	*wichtig*
importar	*von Bedeutung sein*
la impresión	*Eindruck*
el impreso	*Formular*
la impresora	*Drucker*
imprimir	*(aus)drucken*
el incendio	*Brand, Brandstiftung*
incluido	*inbegriffen*
la indigestión	*Verdauungsstörung*
individual	*Einzel-, individuell*
la información	*Information, Auskunft*
el/ la informático/a	*Informatiker/in*
el informe	*Bericht*
la infusión	*(Kräuter)tee*
el/ la inglés/ inglesa	*Engländer/in, englisch*
inocente	*unschuldig*
integrado/a	*integriert*
integrar(se)	*(sich) integrieren, bilden*
interesante	*interessant*
la Internet	*Internet*
los interrogativos	*Fragewörter*
el intervalo	*Zwischenzeit*
invadir	*erobern*
el/ la investigador/a	*Forscher/in*
el invierno	*Winter*
invitar	*einladen*
ir	*gehen, kommen*
ir a buscar	*(ab)holen*
ir de compras	*einkaufen gehen*
el/ la iraquí	*Iraker(in), irakisch*
irse a	*hingehen/ hinkommen zu/ nach*
la isla	*Insel*
la izquierda	*die linke Seite, links*

J

el jabalí	*Wildschwein*
jamás	*nie, niemals*
el jamón serrano	*Serrano Schinken, luftgetrockneter Schinken*
el jarabe	*Sirup, Hustensaft*
el jardín	*Garten*
el jarrón	*Vase*
el jazmín	*Jasmin*
el/ la jefe/a	*Chef/in*
el jersey	*Pullover*
la jota	*J*

	joven	*jung*
el	juego	*Spiel*
	jueves	*Donnerstag*
	jugar	*spielen*
	julio	*Juli*
	junio	*Juni*
	junto (a)	*neben, samt*
	juntos/as	*zusammen*
	justo	*genau, gerade*
la	juventud	*Jugend*

K

el	kárate	*Karate*
el	kilo(gramo)	*Kilo(gramm)*
el	kilómetro	*Kilometer*
el	kiosco	*Kiosk*

L

el	labio	*Lippe*
el	laboratorio	*Labor*
el	lago	*der See*
la	lámpara	*Lampe*
el	langostino	*Garnele*
el	lápiz	*Bleistift*
	largo/a	*lang*
la	lasaña	*Lasagne*
la	lástima	*Mitleid, Jammer*
la	lata	*Dose*
el	lavabo	*Badezimmer, Waschbecken*
	lavar(se)	*(sich) waschen*
la	leche	*Milch*
la	lechuga	*Kopfsalat*
	leer	*lesen*
	lejos (de)	*weit entfernt (von)*
la	lengua	*Zunge*
el	lenguado	*Seezunge*
	lento/a	*langsam*
la	letra	*Buchstabe*
las	letras (Pl.)	*Literatur*
	levantarse	*aufstehen*
la	ley	*Gesetzt*
	libre	*ungebunden, frei*
el	libro	*Buch*
	ligero/a	*leicht*
	lila	*lila*
el	limón	*Zitrone*
la	línea	*Linie*
la	línea de metro	*U-Bahn-Linie*
el/ la	lingüista	*Sprachwissen-schaftler/in*
el	líquido	*Flüssigkeit*
	liso/a	*glatt*
	listo	*schlau, fertig*
la	literatura	*Literatur*
el	litro	*Liter*
	llamar	*(an)rufen*
	llamarse	*heißen*
la	llave	*Schlüssel*
el	llavero	*Schlüsselanhänger*
	llegar	*ankommen, landen*
	llevar	*tragen, hinbringen*
	llevarse	*mitnehmen, auskommen*
	llorar	*weinen*
	llover	*regnen*
la	lluvia	*Regen*
	lo importante	*Hauptsache …*
	lo mejor	*das Beste*
	¡lo siento!	*es tut mir leid!*
el	lobby	*Lobby*
el	loro	*Papagei*

la	lotería	*Lotteriespiel*
	luego	*später, nachher*
el	lugar	*Stelle, Ort*
	luminoso/a	*hell*
la	luna	*Mond*
	lunes	*Montag*
la	luz	*Licht*

M

la	madera	*Holz*
la	madre	*Mutter*
el	mago	*Zauberer*
el	mail	*E-Mail*
	majo/a	*nett*
	mal(o)/a	*schlecht, böse*
la	maleta	*Koffer*
la	mañana	*Morgen, morgen, vormittags*
la	mano	*Hand*
la	manzana	*Apfel*
la	manzanilla	*Kamillentee*
	maquillarse	*sich schminken*
el/ la	mar	*Meer, die See*
la	maravilla	*Wunder*
la	marea	*Gezeiten*
la	marea negra	*Ölpest*
	mareado/a	*schwindlig*
el	marido	*Ehemann*
los	mariscos (Pl.)	*Meeresfrüchte*
	marrón	*braun*
	martes	*Dienstag*
	marzo	*März*
	más	*mehr*
	más o menos	*ungefähr, mehr o weniger*
	más tarde	*später*
	masculino/a	*männlich*
	máximo/a	*höchstens*
	mayo	*Mai*
	mayor	*größer, älter*
la	mayoría	*Mehrheit*
	me	*mich, mir*
	medio/a	*halb*
la	media pensión	*Halbpension*
la	medianoche	*Mitternacht*
	mediante	*mittels, durch*
	medicar	*Medikamente verabreichen*
el/ la	médico	*Arzt/ Ärztin*
el	medio ambiente	*Umwelt*
el	medio de transporte	*Verkehrsmittel*
	medioambiental	*Umwelt-*
el	mediodía	*Mittag*
	mediterránea	*mediterran, Mittelmeer-*
	mejor	*besser*
	mejorar	*verbessern*
el	melón	*Melone*
	menor	*kleiner, jünger*
	menos	*weniger, minus*
	menos cuarto	*viertel vor*
el	mercadillo	*Flohmarkt*
la	merluza	*Seehecht*
el	mes	*Monat*
la	mesa	*Tisch*
el	metro	*U-Bahn, Meter*
el/ la	mexicano	*Mexikaner/in, mexikanisch*
	mí	*mich, mir*
	mi/ mis	*mein/e, meine*
el	miedo	*Angst*
	mientras	*während*
	miércoles	*Mittwoch*
	mío/ mía	*meine/r/s*
la	mirada	*Blick*
	mirar	*anschauen*

	mismo	*selbst, genauso*
	mixto/a	*gemischt*
el	momento	*Augenblick, Moment*
la	montaña	*Berg*
	montar	*einsteigen, aufsteigen, reiten, Rad fahren*
el	monumento	*Denkmal*
	moreno/a	*dunkelhaarig*
	morir(se)	*sterben*
la	moto(cicleta)	*Motorrad*
el	motor	*Motor*
	móvil	*mobil*
el	móvil	*Handy*
	muchas veces	*oft, häufig*
	mucho (adv.)	*sehr, viel*
	¡mucho gusto!	*sehr erfreut!*
	mucho/a	*viel*
la	muela	*Backenzahn*
	muerto/a	*tot*
la	mujer	*Frau, Ehefrau*
	mundial	*Welt-*
la	muñeca	*Handgelenk*
el	museo	*Museum*
la	música	*Musik*
	muy	*sehr*

N

	nacer	*geboren werden*
el	nacimiento	*Geburt*
la	nación	*Staat, Nation*
	nacional	*national, Staats-*
la	nacionalidad	*Nationalität, Staatsangehörigkeit*
	nada	*nichts, überhaupt nicht(s)*
	nadar	*schwimmen*
	nadie	*niemand*
la	naranja	*Orange*
la	nariz	*Nase*
la	naturaleza	*Natur*
	naturalmente	*freilich, natürlich*
la	Navidad	*Weihnachten*
	necesario/a	*nötig, wichtig*
	necesitar	*brauchen, benötigen*
la	negación	*Verneinung*
	negro/a	*schwarz*
el/ la	neozelandés/a	*Neuseeländer/in, neuseeländisch*
	nervioso/a	*nervös, verspannt*
la	nevada	*Schneefall*
	nevar	*schneien*
	ni siquiera	*nicht einmal*
la	niebla	*Nebel*
la	nieve	*Schnee*
	ningún/ ninguno/a	*kein/e*
el/ la	niño/a	*Junge, Mädchen, Kind*
los	niños (Pl.)	*Kinder*
	no	*nein, nicht*
	no muy	*nicht sehr*
	no siempre	*nicht immer*
la	noche	*Nacht, Nachtleben*
el	nombre	*(Vor)name*
	ñoño/a	*zimperlich*
	normalmente	*normalerweise*
la	normativa	*gesetzliche Regelung*
el	norte	*Nord*
	nos	*uns*
	nosotros/as	*wir*
la	novela	*Roman*

	noveno/a	*neunte/r/s*
	noventa	*neunzig*
	noviembre	*November*
	nublado/a	*nebelig, bewölkt*
	nuboso/a	*nebelig, bewölkt*
	nuestro/a	*unser/e*
	nueve	*neun*
	nuevo/a	*neu*
el	número	*Zahl*
el	número ordinal	*Ordnungszahl*
	nunca	*nie, niemals*
	nunca jamás	*niemals*

O

	o	*oder*
	ocho	*acht*
	octavo/a	*achte/r/s*
	octubre	*Oktober*
	ocurrírsele algo	*jdm. etw. einfallen*
el	oeste	*West*
	oficial	*Amt-*
la	oficina	*Büro*
el	oído	*Ohr*
	oír	*hören*
el	ojo	*Auge*
	olvidar	*vergessen*
	once	*elf*
el	ordenador (personal)	*Personal-(computer)*
el	ordenador portátil	*Notebook, Laptop*
	original	*original, originell*
	os	*euch*
el	otoño	*Herbst*
	otro/a	*ein anderer/es, eine andere*
la	oveja	*Schaf*

P

el	padre	*Vater*
los	padres (Pl.)	*Eltern*
la	paella	*Paella*
	pagar	*(be)zahlen*
el	país	*Land*
el	pájaro	*Vogel*
la	palmera	*Palme*
el	pan	*Brot*
el	pantalón	*Hose*
la	papa	*Kartoffel*
las	papas/ patatas fritas	*Pommes frites*
el	paquete	*Paket*
	para	*für, zu*
el	paraguas	*Regenschirm*
el	paragüero	*Schirmständer*
	parecer	*scheinen*
la	pared	*Wand*
el	parentesco	*Verwandtschaft*
el/ la	pariente	*Verwandte/r*
el	parque	*Park*
el	parque nacional	*Naturschutzpark*
la	parra	*Weinstock*
la	parrilla	*Grill*
la	parte	*Teil*
	pasado mañana	*übermorgen*
	pasado/a	*vergangen*
el	pasaporte	*(Reise)pass*
	pasar	*hereinkommen, an … vorbeifahren/ -gehen, geben, verbringen*
	pasarlo bien	*sich amüsieren*
	pasear	*spazieren*
el	pasillo	*Flur*
la	pasión	*Leidenschaft*
el	pastel	*Kuchen*
la	patata	*Kartoffel*

la	paz	*Frieden*
la	pechuga de pollo	*Hähnchenbrust*
	pedir	*bitten*
	peinar(se)	*(sich) kämen*
la	peli, película	*Film*
el	peligro	*Gefahr*
	peligroso/a	*gefährlich*
el	pelo	*Haar*
el/ la	peluquero/a	*Friseur/esse*
la	pena	*Kummer*
la	pensión completa	*Vollpension*
	peor	*schlechter*
el	pepino	*Gurke*
	pequeño/a	*klein*
la	pera	*Birne*
	perdonar	*verzeihen, entschuldigen*
	perfecto/a	*perfekt, ideal*
	perfumarse	*sich parfümieren*
el	periódico	*Zeitung*
	pero	*aber*
el	perro	*Hund*
	personal	*Personal-, persönlich*
	pertenecer a	*gehören zu*
el	pescado	*Fisch*
el	petróleo	*Erdöl*
el	pez	*Fisch*
	picante	*scharf*
la	piel	*Leder*
la	pierna	*Bein*
el	pimiento	*Paprika*
el	pingüino	*Pinguin*
el/ la	pintor/a	*Maler/in*
el	piragüismo	*Kanusport*
la	piraña	*Piranha*
la	piscina	*Schwimmbad*
el	piso	*Wohnung, Stockwerk*
el	plan	*Plan*
la	planta	*Pflanze*
el	plátano	*Banane*
el	plato	*Teller, Gericht*
la	plaza	*Platz*
la	población	*Bevölkerung*
	pobre	*arm, bedauernswert*
	pocas veces	*selten*
	poco/a	*wenig, gering*
	poder	*können*
la	política	*Politik*
el	pollo	*Hahn, Hähnchen*
	poner	*stellen, legen*
	ponerse guapo/a	*sich hübsch machen*
	por	*für, mitten durch, mittels, gegen*
	por aquí	*hier (in der Nähe)*
	por eso	*deshalb*
	¡por favor!	*bitte!*
	por la mañana	*am Morgen, morgens, vormittags*
	por la noche	*spät am Abend, in der Nacht*
	por la tarde	*nachmittags, abends*
	por qué	*warum*
	porque	*weil*
	portátil	*tragbar*
el/ la	portugués/ portuguesa	*Portugiese/in, portugiesisch*
la	postal	*Postkarte*
	posterior	*spätere/r/s*
el	postre	*Nachtisch*
	practicar	*treiben, üben*

el	precio	*Preis*
	precioso/a	*kostbar, entzückend*
	precipitado/a	*übereilt*
	predecir	*vorsehen*
	preferir	*bevorzugen, vorziehen*
	preguntar	*fragen*
	preocuparse por	*sich Sorgen machen um*
	preparar	*vorbereiten*
	presentar(se)	*(sich) vorstellen*
la	previsión del tiempo	*Wetterbericht*
la	primavera	*Frühling*
	primer(o)/a	*erste/r/s*
el/ la	primo/a	*Cousin/ Kusine*
	principal	*wesentlich, hauptsächlich*
el	probador	*Umkleidekabine*
	probar	*anprobieren, versuchen*
	probar(se)	*sich anprobieren*
el	problema	*Problem*
el	producto de aseo	*Produkt für die Körperpflege*
la	profesión	*Beruf*
	profesor/a	*Lehrer/in, Professor/in*
el	programa	*Programm*
	pronto	*bald, sofort, früh*
	propio/a	*eigene/r/s*
	proponer	*vorschlagen*
la	protección	*Schutz*
la	protección del medio ambiente	*Umweltschutz*
	proteger	*schützen*
	protegido/a	*geschützt*
	provocar	*auslösen, provozieren*
	próximo/a	*nahe (bevorstehend)*
el	pueblo	*Dorf, Volk*
el	puente	*Brücke*
la	puerta	*Tür*
el	puerto	*Hafen*

Q

	que	*dass, der/ die/ das, den/ dem*
	qué	*was (für), wie viel, welche/r/s*
	¡qué pena!	*Schade!*
	quedar	*sich verabreden*
	quedar bien	*gut stehen*
	quedarse	*bleiben*
	querer	*wollen, mögen, lieben*
	querido/a...	*liebe/r ...*
el	queso	*Käse*
	quién/es	*wer*
	quinto/a	*fünfte/r/s*
el	quiosco	*Kiosk*
el	quiste	*Zyste*
	quitar(se)	*ausziehen, wegnehmen*

R

la	radio	*Radio(gerät), Rundfunk*
	rápido/a	*schnell*
	raras veces	*selten*
	raro/a	*seltsam*
el	rato	*Weile*
el	ratón	*Maus*

la	razón	*Grund*
las	rebajas (Pl.)	*Schlussverkauf*
la	recepción	*Rezeption*
el/ la	recepcionista	*Rezeptionist/in, Empfangschef/in*
	recetar	*verordnen, verschreiben*
el	reciclaje	*Recycling*
	reciclar	*recyceln*
	recoger	*(ab)holen*
	recomendar	*empfehlen*
	recordar	*(sich) erinnern*
	recto	*geradeaus*
el	refresco	*nicht alkoholisches Getränk*
el	regalo	*Geschenk*
	regresar	*zurückkehren*
	reír	*lachen*
	relajarse	*sich entspannen*
	rellenar	*(aus)füllen*
la	repisa	*Ablage*
el	reposo	*(Bett)ruhe, Erholung*
el	reproductor de	*Wiedergabegerät, (...)-Player*
	reservar	*reservieren, buchen*
	resfriado/a	*erkältet*
	respetar	*Rücksicht nehmen*
el	restaurante	*Restaurant*
el	resultado	*Ergebnis*
	reunido/a	*versammelt*
	reunirse	*sich versammeln*
el	rey	*König*
los	Reyes Magos	*Heilige Drei Könige*
	rico/a	*reich, lecker*
el	río	*Fluss*
	riquísimo/a	*sehr lecker, köstlich*
la	rodilla	*Knie*
	rojo/a	*rot*
	romper(se)	*(zer)brechen*
el	ron	*Rum*
la	ropa	*Kleidung, Klamotten*
la	ropa usada	*gebrauchte Kleidung, secondhand Klamotten*
la	rosa	*Rose*
	roto/a	*kaputt*
	rubio/a	*blond*
la	rueda	*Rad*

S

	sábado	*Samstag*
	saber	*wissen, können*
el	sacapuntas	*Spitzer*
la	sal	*Salz*
la	sala de estar	*Wohnzimmer*
	salado/a	*salzig*
la	salida	*Ausgang*
	salir	*abfahren, starten, (aus)gehen*
el	saludo	*Begrüßung*
	San Fermín	*Stadtfest zu Ehren von dem Schutzpatron Pamplonas*
la	sangre	*Blut*
	se	*sich, man*
	se vende	*zu verkaufen*
el	secador	*Föhn*
	secarse el pelo	*sich das Haar föhnen*
	seco/a	*trocken*

el/ la	secretaria/o	*Sekretär/in*
la	sed	*Durst*
	seguir	*folgen, weiter etw. tun*
	según	*gemäß, nach*
	segundo/a	*zweite/r/s*
	seis	*sechs*
la	selva	*Regenwald*
la	semana	*Woche*
la	Semana Santa	*Ostern, Karwoche*
	sencillo/a	*einfach*
el	senderismo	*Wandern*
el/ la	señor/a (Sr./ Sra.)	*Herr/ Frau*
	sentar(se)	*(sich) (hin)setzen*
	sentir	*fühlen*
la	separación	*Trennung*
la	separación de basuras	*Mülltrennung*
	septiembre	*September*
	séptimo/a	*siebte/r/s*
	ser	*sein, statt finden*
	serio/a	*ernsthaft*
	servir	*nützen, behilflich sein, (be)dienen*
la	seta	*Pilz*
	sexto/a	*sechste/r/s*
	sí	*ja*
	si	*wenn*
	siempre	*immer*
	siete	*sieben*
el	siglo	*Jahrhundert*
la	silla	*Stuhl*
el	sillón	*(Arm)sessel*
	simpático/a	*sympathisch, freundlich*
	sin	*ohne*
	sin embargo	*trotzdem*
	singular	*Singular, Einzahl*
el	sitio	*Ort, Platz*
la	situación	*Lage, Situation*
	sobre	*auf, über, gegen*
	sobre todo	*vor allem*
el/ la	sobrino/a	*Neffe/ Nichte*
el	socialismo	*Sozialismus*
el	sofá	*Sofa*
el	sol	*Sonne*
	soleado/a	*sonnig*
	soler	*zu ... pflegen*
	solo	*nur*
	solo/a	*allein, einsam*
el	solomillo	*Filet*
	soltero/a	*ledig*
la	solución	*Lösung*
el	sombrero	*Hut*
la	sopa	*Suppe*
	soplar	*wehen, pusten*
la	sorpresa	*Überraschung*
el	sorteo	*Ziehung*
	soso/a	*fad*
	su/ sus	*sein/e, ihr/e*
	subir	*(ein)steigen*
el/ la	sueco/a	*Schwede/in, schwedisch*
el/ la	suegro/a	*Schwiegervater, Schwiegermutter*
los	suegros (Pl.)	*Schwiegereltern*
la	suerte	*Glück*
	sufrir	*(er)leiden*
la	superficie	*Oberfläche*
el	supermercado	*Supermarkt*
el	sur	*Süd(en)*
	Suramérica	*Südamerika*
	suyo/a	*seine/r, ihre/r, Ihre/r*

T

la	tala	*Fällen, Verwüstung*
	talar	*fällen*
la	talla	*Größe*
	también	*auch*
	tampoco	*auch nicht*
	tan	*so*
el	tango	*Tango*
el	tanque	*Tank*
	tanto/a	*so viel(e)*
la	tapa	*Tapa, Häppchen*
	tapar	*(be)decken*
el/ la	taquillero/a	*Schalterbeamte/r*
la	tarde	*Abend, abends, spät*
la	tarjeta	*Karte*
la	tarta	*Torte*
el	taxi	*Taxi*
el/ la	taxista	*Taxifahrer/in*
	te	*dich, dir*
el	teatro	*Theater*
los	tejanos (Pl.)	*Jeans(hose)*
la	(tele)visión	*Fernsehen, Fernseher*
el	teléfono	*Telefon*
el	teléfono móvil	*Handy*
el	televisor	*Fernsehgerät*
el	televisor de pantalla plana	*Flachbildschirmfernseher*
la	temperatura	*Temperatur*
la	temperatura máxima	*Höchsttemperatur*
la	temporada alta/ baja	*Hoch-, Nebensaison*
	temprano	*früh (am Morgen)*
	tener	*haben, beinhalten*
	tener ganas de	*Lust haben auf*
	tener que	*müssen, sollen (sollten)*
el	tenis	*Tennis*
	tercer(o)/a	*dritte/r/s*
	terminar	*beenden*
la	ternera	*Kalb(fleisch)*
la	terraza	*Terrasse*
	terrible	*schrecklich*
	ti	*dich, dir*
el	tiempo	*Zeit, Wetter*
la	tienda	*Geschäft*
la	tierra	*Erde*
la(s)	tijera(s)	*Schere*
la	tilde	*Akzentzeichen, Betonungszeichen*
el/ la	tío/a	*Onkel/ Tante*
la	toalla	*(Hand)tuch*
	tocar	*berühren, anfassen, spielen*
el	tocho	*Eisenblock*
	todavía	*noch (immer)*
	todavía no	*noch nicht*
	todo	*alles, ganz, völlig*
	todo/a	*jede/r/s, alle*
	tomar	*trinken, (zu sich) nehmen, fahren*
	tomar medidas	*Maßnahmen ergreifen*
el	tomate	*Tomate*
	tonto/a	*dumm*
	torcer	*abbiegen*
la	tortilla de patatas/ papas	*Kartoffelomelett(e)*
la	tortuga	*Schildkröte*
la	tos	*Husten*
(el)	total	*total, Gesamt(summe)*

	trabajar	*arbeiten*
el	trabajo	*Arbeit, Job*
el	trabalenguas	*Zungenbrecher*
	traducir	*übersetzen*
	traer	*(mit)bringen*
	tranquilo/a	*ruhig, still*
el	transcurso	*Ablauf*
el	tranvía	*Straßenbahn*
	tras	*hinter, nach*
el	traslado	*Transfer*
	travieso/a	*ungezogen*
	tremendamente	*außerordentlich, äußerst*
el	tren	*Zug*
	tres	*drei*
	triste	*traurig*
	tú	*du*
	tu/ tus	*dein/e*
el/ la	turista	*Tourist/in*
	tuyo, -a	*dein/r/s*

U

	últimamente	*in letzter/ zur Zeit, neulich*
	último/a	*letzte/r/s*
	un poco	*ein wenig/ bisschen, etwas*
	un(o)/a	*eine/r/s*
el	ungüento	*Salbe*
	único/a	*einzig, einmalig*
la	universidad	*Uni(versität)*
	uno	*eins*
	usado/a	*gebraucht*
	usar	*gebrauchen, benutzen*
el	uso	*Gebrauch, Benutzung*
el	uso individual	*für eine Person*
	usted/es (Ud./ Uds.)	*Sie*
la	uva	*Traube*

V

la	vaca	*Kuh*
las	vacaciones (Pl.)	*Urlaub, Ferien*
	vago/a	*faul*
	¡vale!	*ok!, einverstanden!*
	valer	*kosten, nutzen*
el	valle	*Tal*
el	vasco	*Baskisch(e)*
el	vaso	*Glas*
el	vegetal	*Pflanze*
	vencer	*besiegen*
el/ la	vendedor/a	*Verkäufer/in*
	venir	*kommen, gehen*
la	ventana	*Fenster*
	ver	*sehen, treffen*
	ver la tele(visión)	*fernsehen*
el	verano	*Sommer*
el	verbo	*Verb*
la	verdad	*Wahrheit*
	verdadero/a	*richtig*
	verde	*grün*
la	verdura	*Gemüse*
la	vergüenza	*Scham*
el	vestido	*Kleid*
	vestirse	*sich kleiden, sich anziehen*
la	vez	*Mal*
	viajar	*reisen*
el	viaje	*Reise*
el	viaje de novios	*Hochzeitsreise*
la	vida	*Leben*
	viejo/a	*alt, altmodisch*

el	viento	*Wind*
	viernes	*Freitag*
el	vino	*Wein*
el	vino blanco	*Weißwein*
el	vino tinto	*Rotwein*
el	(vino) rosado	*Rosé*
la	virtud	*Tugend*
	visitar	*besuchen, besichtigen*
la	vista	*Aussicht*
	viudo/a	*verwitwet, Witwe/r*
	vivir	*leben, wohnen*
	volar	*fliegen*
	volver	*zurückkehren*
	vomitar	*sich erbrechen*
	vosotros/as	*ihr*
el	vuelo	*Flug*
	vuestro/a	*euer/ eu(e)re*

W

el	wáter	*Klosett, Toilette*
el	whisky	*Whisky*

X

el	xilófono	*Xylophon*

Y

	y	*und*
	ya	*schon*
la	yegua	*Stute*
el	yeso	*Gips*
	yo	*ich*

Z

la	zanahoria	*Karotte*
el	zapato	*Schuh*
el	zinc	*Zink*
la	zona	*Lage, Zone*
el	zoo	*Zoo*

Niveau A 1

Fertigkeit	Kann-Beschreibung	Übungen
Hören	Ich kann vertraute alltägliche Ausdrücke und ganz einfache Sätze verstehen, die sich auf mich selbst, meine Familie oder auf konkrete Dinge um mich herum beziehen, vorausgesetzt es wird langsam und deutlich gesprochen.	L1 Ü1; L1 Ü8; L1 Ü10; L1 Ü14; L2 Ü1; L2 Ü7; L2 Ü11; L3 Ü1; L3 Ü3; L3 Ü4; L3 Ü5; L3 Ü14; L4 Ü2; L4 Ü15; L5 Ü4; L5 Ü10; L6 Ü6; L6 Ü14; L7 Ü14; L8 Ü2; L8 Ü8; L9 Ü2; L9 Ü3; L11 Ü3; L11 Ü9; L12 Ü2; L12 Ü3
Lesen	Ich kann einzelne, vertraute Namen, Wörter und ganz einfache Sätze erfassen, z. B. auf Schildern, Plakaten oder in Prospekten.	L6 Ü8
Sprechen	Ich kann mich auf einfache Art verständigen, einfache Fragen stellen und beantworten. Ich kann einfache Wendungen und Sätze gebrauchen, um Leute, die ich kenne, zu beschreiben und um zu beschreiben, wo ich wohne.	L1 Ü13; L1 Ü15; L2 Ü12; L3 Ü13; L4 Ü14; L5 Ü5; L5 Ü13; L5 Ü14; L5 Ü15; L6 Ü13; L6 Ü15; L7 Ü13; L8 Ü11; L8 Ü12; L8 Ü13; L9 Ü12; L9 Ü14; L10 Ü13; L10 Ü14; L11 Ü14; L12 Ü14
Schreiben	Ich kann eine einfache Postkarte, z. B. mit Feriengrüßen, schreiben. Ich kann auf Formularen, z. B. in Hotels, Namen, Adresse, Nationalität usw. eintragen.	L1 Ü5; L2 Ü10; L3 Ü6; L3 Ü7; L4 Ü7; L7 Ü3; L7 Ü11; L8 Ü10; L9 Ü11

Niveau A 2

Fertigkeit	Kann-Beschreibung	Übung
Hören	Ich kann einzelne Sätze und häufig gebrauchte Wörter verstehen, wenn es z. B. um einfache Informationen zur Person, zu Familie, Einkaufen, Arbeit, zur näheren Umgebung geht. Ich verstehe das Wesentliche von kurzen, klaren und einfachen Durchsagen.	L3 Ü7; L4 Ü1; L4 Ü9; L5 Ü1; L5 Ü9; L6 Ü1; L6 Ü11; L7 Ü4; L7 Ü8; L7 Ü9; L8 Ü1; L9 Ü1; L9 Ü13; L10 Ü1; L11 Ü4; L11 Ü8; L12 Ü1; L12 Ü15
Lesen	Ich kann ganz kurze, einfache Texte lesen. Ich kann in einfachen Alltagstexten (z. B. Anzeigen, Prospekten, Speisekarten oder Fahrplänen) konkrete, vorhersehbare Informationen auffinden und ich kann kurze, einfache, persönliche Briefe verstehen.	L7 Ü1; L8 Ü7; L9 Ü7; L10 Ü8; L11 Ü1; L12 Ü8
Sprechen	Ich kann in einigen Sätzen und mit einfachen Mitteln z. B. meine Familie, andere Leute, meine Ausbildung, meine gegenwärtige oder letzte berufliche Tätigkeit beschreiben.	L2 Ü13; L3 Ü15; L4 Ü16; L5 Ü5; L5 Ü12; L7 Ü15; L9 Ü15; L11 Ü15; L12 Ü16
Schreiben	Ich kann eine kurze, einfache Notiz oder Mitteilung und einen ganz einfachen persönlichen Brief schreiben, z. B. um mich für etwas zu bedanken.	L7 Ü7; L7 Ü12; L9 Ü5; L10 Ü3; L10 Ü7; L10 Ü12; L11 Ü5; L12 Ü6; L12 Ü13

Bildnachweis

Illustrationen: Marlene Pohle, Stuttgart

Fotos

Seite 7: M. Carmen Almendros de la Rosa, Tübingen
Seite 10: M. Carmen Almendros de la Rosa, Tübingen
Seite 11: Turespaña
Seite 17: 1: istockphoto.com/ Lise Gagne, 2: istockphoto.com/ Lise Gagne, 3: istockphoto.com/ Anna Bryukhanova, 4: istockphoto.com/ Wouter van Caspel
Seite 18: istockphoto.com/ David Philips
Seite 19: M. Carmen Almendros de la Rosa, Tübingen
Seite 21: fotolia.de/ Dóri O'connell
Seite 24: alle Uhren: EKS GmbH, Stuttgart
Seite 25: istockphoto.com
Seite 27 M. Carmen Almendros de la Rosa, Tübingen
Seite 31: junger Mann: istockphoto.com/ Lise Gagne, Lottoschein: Carmen Almendros, Tübingen
Seite 33: dreamstime.com
Seite 41: M. Carmen Almendros de la Rosa, Tübingen
Seite 43: Paella: fotolia.de/ Antonevich Anastasia, Espresso: fotolia.de/ Marc Dietrich
Seite 45: M. Carmen Almendros de la Rosa, Tübingen
Seite 46: 1 - 5: Carmen Almendros, Tübingen, 6: Corel Photo Library (RF), 7: MEV Verlag GmbH, Augsburg, 8: istockphoto.com/ angelo gilardelli
Seite 52: 1: dreamstime.com/ Minpin, 2: fotolia.de/ ginaellen, 3: fotolia.de/ smitea, 4: istockphoto.com/ Jocelyn Lin, 5: istockphoto.com/ Charles Humphries, 6: istockphoto.com/ Richard Hoffkins
Seite 59: 1: istockphoto.com/ Jordan Chesbrough, 2: istockphoto.com/ Joseph Jean Rolland Dubé, 3: fotolia.de/ Alexander Raths
Seite 63: istockphoto.com/ Weldon Schloneger
Seite 64: 1: fotolia.de/ Amri OEG, 2: istockphoto.com/ Tari Faris , 3: istockphoto.com/ William Walsh, 4: istockphoto.com/ stephanie phillips, 5: istockphoto.com/ robert lerich, 6: fotolia.de/ vgstudio
Seite 67: M. Carmen Almendros de la Rosa, Tübingen
Seite 68: 1: istockphoto.com/ Louis Aguinaldo, 2: fotolia.de/ bluestocking, 3: Klett-Archiv, 4: istockphoto.com/ Konstantinos Kokkinis, 5: istockphoto.com, 6: photos.com/ Jupiter Images, 7: istockphoto.com/ Louis Aguinaldo, 8: EKS GmbH, Stuttgart, 9: istockphoto.com, 10: istockphoto.com/ James Pauls
Seite 72: 1: Creativ Collection (RF), 2: bigstockphoto.com/ emadrazo (CDs), fotolia.de/ Marek Kosmal (Schallplatten, 3: Comstock (RF), 4: Comstock (RF), 5: Corel Photo Library (RF), 6: Klett-Achiv/ Gert Elsner
Seite 75: Fotosearch/ Photodisc
Seite 76: Illustration: Norberto Lombardi, Campana (ARG)
Seite 77: M. Carmen Almendros de la Rosa, Tübingen (alle Fotos)
Seite 83: M. Carmen Almendros de la Rosa, Tübingen
Seite 85: istockphoto.com/ Rohit Seth
Seite 89: M. Carmen Almendros de la Rosa, Tübingen
Seite 90: 1: istockphoto.com/ branislav ostojic, 2: istockphoto.com/ Randolph Pamphrey, 3: shutterstock.com/ Harvey Fitzhugh, 4: Creativ Collection (RF), 5: istockphoto.com/ Krzysztof Bednorz, 6: istockphoto.com/ Amanda Rohde
Seite 93: Fotosearch RF/ Digital Vision
Seite 97: MEV Verlag GmbH, Augsburg
Seite 98: Übung 9, Illustration: Norberto Lombardi, Campana (ARG)
Seite 102: 1: fotolia.de/ Tina Rencelj, 2: MEV Verlag GmbH, Augsburg, 3: fotolia.de/ Philippe Devanne, 4: Klett-Archiv/ Zeidler, 5: stockdisc/ Avenue Images, 6: istockphoto.com/ Jostein Hauge, 7: fotolia.de/ kaarsten, 8: Klett-Archiv/ Ulrich Mezger, 9: istockphoto.com
Seite 105: Pixtal RF
Seite 107: M. Carmen Almendros de la Rosa, Tübingen
Seite 109: Illustration: Norberto Lombardi, Campana (ARG)